日本図・部分（ホンディウス／1606年版／長崎歴史文化博物館蔵）

メダイと聖フランシスコ・ザビエルからポルトガル国王ジョアン3世[illegible]聖人記念館蔵）

ザビエルの日本布教のシナリオ

（1）「信仰箇条の説明書」を日本語で印刷する

（2）ミヤコへ上り天皇に謁見し、日本での布教を許可してもらう

（3）天皇に、シナの皇帝に宛てた紹介状（通行許可書）をかいてもらう

（4）日本の諸大学の学僧たちと交流し、その情報をパリ大学な[illegible]

（5）日本とインド（ポ[illegible]のための航路を開[illegible]貿易商館を設置す[illegible]

（6）才能と知性のある[illegible]ヨーロッパに送り、キリスト教を学ばせ、あわせて日本人の優秀さを世界に知らせる

参考文献 『聖フランシスコ・ザビエル全書簡』河野純徳訳（平凡社） 『聖フランシスコ・ザビエル全生涯』河野純徳訳（平凡社）
『南蛮のバテレン』松田毅一（朝文社）

現在の平戸港 Ⓜ

第1章 ザビエル、フィランド（Firando・平戸）に来る

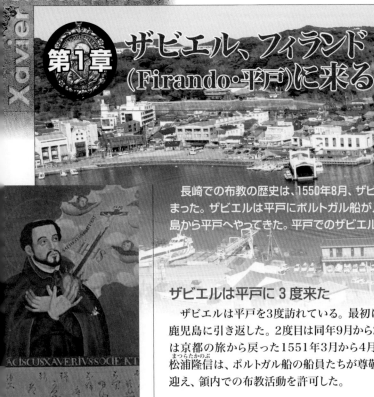

長崎での布教の歴史は、1550年8月、ザビエルの平戸上陸からはじまった。ザビエルは平戸にポルトガル船が入港したことを知り、鹿児島から平戸へやってきた。平戸でのザビエルの足跡をたどってみよう。

聖フランシスコ・ザビエル像
（神戸市立博物館蔵）

ポルトガル船（ナウ船）
（日本二十六聖人記念館蔵）

松浦隆信
（松浦史料博物館蔵）

ザビエルは平戸に３度来た

ザビエルは平戸を3度訪れている。最初は1550年8月だが、すぐに鹿児島に引き返した。2度目は同年9月から2ヵ月あまりの滞在。3度目は京都の旅から戻った1551年3月から4月までであった。平戸領主松浦隆信（まつらたかのぶ）は、ポルトガル船の船員たちが尊敬するザビエルを好意的に迎え、領内での布教活動を許可した。

日本語の説教でキリシタン100人に

平戸の滞在について書いた、1552年のザビエルの手紙。
《私たちは鹿児島から平戸へ行きました。そこでは領主（松浦隆信）が私たちをたいそう歓迎してくれましたので、そこに（2ヵ月間）滞在して100人ほどの人たちを信者にしました。その時には私たちの一人（フェルナンデス）がもう日本語を話せましたので、日本語に訳した本を読み、また説教して、大勢の人を信者にしました。その地には信者になった人たちとともにコスメ・デ・トーレス神父〔と日本人ジョアン、アントニオ、マラバル人アマドル〕を残しました。》（『聖フランシスコ・ザビエル全書簡』河野純徳訳／平凡社）

ポルトガル船を歓迎した平戸領主

ザビエルの平戸行きはポルトガル船の入港と深い関係がある。1550年、ポルトガル船が平戸に初めて入港した。この船の船長ミランダは、1541年にザビエルとともにインドへ渡航した人であった。貿易に熱心だった平戸領主の松浦隆信は、ポルトガル船を歓迎し、ポルトガル人が敬愛するザビエルに布教を許した。これが長崎における南蛮貿易とキリスト教布教のはじまりである。平戸は世界地図に記され、海外に知られるようになった。

Ⓜ 松尾順造撮影

Q&A ザビエルはなぜ平戸にきたのか

ザビエル記念碑［平戸市］

Q ザビエルはなぜ鹿児島から平戸に向かったのか？

A　1度目は、ポルトガル船が、ザビエル宛ての手紙を運んでくると確信していたため。このときザビエルは高熱を出していたが、平戸に向かった。

2度目は、京都に上り、天皇に謁見して日本布教の許可を得るため、鹿児島を発って、平戸に寄った。ザビエルは1550年10月、トーレスを平戸に残し、フェルナンデス、日本人ベルナルドとともに山口、堺を経由して、京都へ向かった。

Q 当時の平戸はどんなところ？

A　当時は平戸を窓口にして、ポルトガル・中国・日本という交易ルートができあがりつつあり、平戸は東シナ海の海上交通・交易の要所であった。ポルトガル船は最初、中国（明）の貿易商（倭寇(わこう)）王直(おうちょく)配下の水路誘導で平戸に入港したとされる。

Q ポルトガル船を平戸に導いた王直はどんな人？

A　王直は、密貿易を仲介して財を成し、ジャンク船の船主として東シナ海に勢力をふるっていた。王直は1549年に五島の福江から平戸に移り、松浦隆信から邸を与えられ、平戸にポルトガル船を手引きし、南蛮貿易の橋渡し役を果たしたとされる。1543年のポルトガル人の種子島漂着も王直が関係したのではないかといわれている。

王直像
［平戸市 松浦史料博物館下］

参考文献　『聖フランシスコ・ザビエル全生涯』河野純徳訳（平凡社）　『長崎の殉教者』片岡弥吉（角川書店）
『聖フランシスコ・ザビエル全書簡』河野純徳訳（平凡社）　『大航海時代と日本』五野井隆史（渡辺出版）

第2章 ザビエル、平戸のキリシタンに永遠の別れ

ザビエル像［平戸市 松浦史料博物館下］

天皇謁見は断念、大内氏を頼る

ザビエルは京都で天皇に会うことができず、わずか11日間滞在しただけで平戸に戻り、山口の領主大内義隆（おおうちよしたか）を頼ることにした。当時の京都は応仁の乱(1467〜77)、天文法華の乱(1536)と戦乱が続き、疫病、飢饉、大火、洪水などの災害に見舞われて荒廃しており、天皇の権力もなくなっていたのである。

ザビエルが京都を旅している間、平戸に残った神父トーレスは40人ほどの人たちに洗礼を授けた。

涙の別離、平戸のキリシタンへの約束

ザビエルは、平戸にトーレスと日本人通訳ひとりを残して、山口へ行くことにした。この間の事情をフロイスは、《ザビエルは大内殿の領国へ引き返す決心をし、別離を悲しむ平戸のキリシタンに希望を持たせながら、涙のうちに別れを告げ、山口へ向かった》と記している。

(『聖フランシスコ・ザビエル全生涯』河野純徳訳／平凡社)

ザビエルが大内氏に贈った献上品

ザビエルは天皇に謁見するために13種の高価な贈り物を用意していたが、京都に向かうとき、平戸に置いたままであった。ザビエルは山口の大内義隆を再訪する際に、インド総督と司教からの親書とともにこれらの献上品を携えていった。

献上品リスト

① 精巧な歯車時計
② クラボ(鍵盤楽器)
③ 老眼鏡
④ 望遠鏡
⑤ 鏡
⑥ 立派な装飾のついた鉄砲(三銃身のマスケット銃)
⑦ 非常に美しい水晶ガラス(カットグラス)
⑧ 金襴緞子(きんらんどんす)
⑨ ポルトガル製織物
⑩ ポルトガル酒(葡萄酒)
⑪ 書籍
⑫ 絵画
⑬ 陶器

平戸の殉教者と長崎への移住者

木村家、籠手田家、マリアおせん

ザビエルに平戸で宿を提供したのは木村という武士であった。木村は家族とともに洗礼を受けた。1601年、その孫セバスチャン木村は日本人で最初の司祭となり、1622年長崎の西坂で殉教した。

ザビエルが去ったあとの平戸は、生月（いきつき）、度島（たくしま）、根獅子（ねしこ）などの領主籠手田（こてだ）家がキリシタンの中心となった。籠手田左衛門安経（さえもんやすつね）と弟の一部勘解由（いちぶかげゆ）は、平戸の教会のために尽くしたが、その子孫たちは1599年迫害に遭い、一族家臣を引きつれて長崎に亡命した。

日本最初の殉教者となったマリアおせんは平戸の人。信仰を捨てないことから、1559年、武士の主人に首をはねられている。

平戸の布教マップ

平戸では仏僧や仏教徒のキリスト教への反感から迫害が起きたが、周辺の地に信仰は根づき、キリシタンは増えていった。

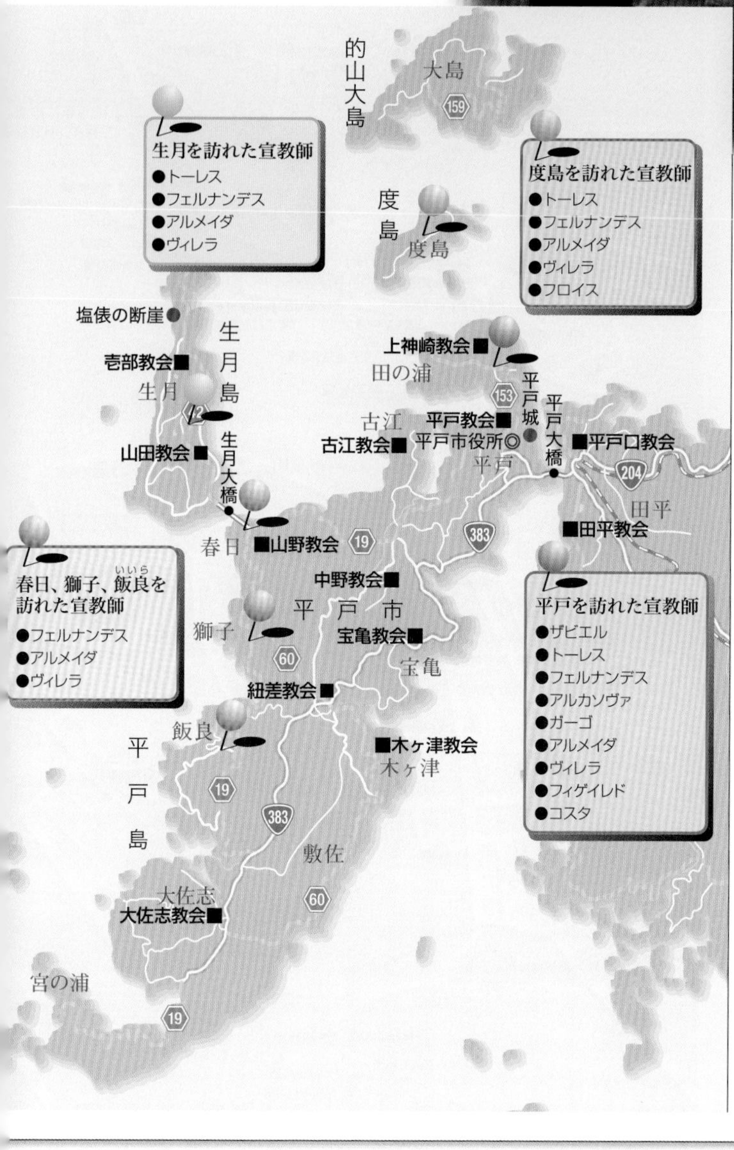

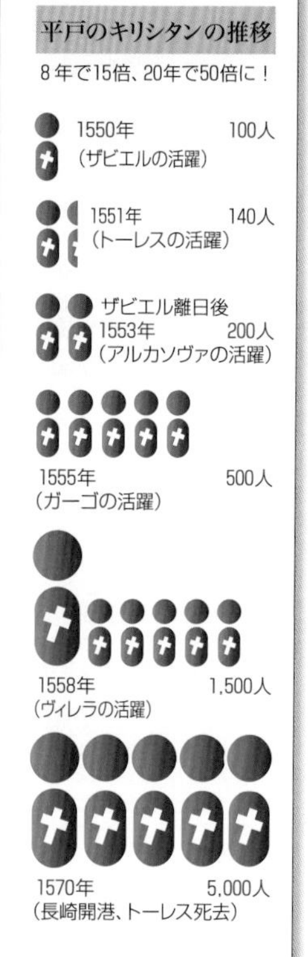

参考文献　『長崎の殉教者』片岡弥吉（角川書店）　『聖フランシスコ・ザビエル全生涯』河野純徳訳（平凡社）
『日本二十六聖人記念館の聖フランシスコ・ザビエル』結城了悟（日本二十六聖人記念館）

第3章 あっ！ザビエルを見つけた！

平戸のまち歩きは「ザビエル＆南蛮文化発見」の旅

聖フランシスコ・ザビエル記念聖堂

1931年(昭和6年)建設。ザビエルの3度の平戸訪問を記念して1971年(昭和46年)に、ザビエル像が建てられた。

歴史観光施設データ

松浦史料博物館
平戸や松浦家の歴史を物語る約300点が展示されている。
【入館料】大人510円 高校生300円 小人200円【開館時間】8:30～17:30
【休館日】12月29日～1月1日
☎0950・22・2236

平戸城
松浦氏歴代の遺品などが展示されている。
【入館料】大人510円 高校生300円 小人200円【開館時間】8:30～17:30
【休館日】12月30日～31日
☎0950・22・2201

平戸観光の問合せ先
平戸市観光商工部観光課
☎0950・22・4111
平戸観光協会☎0950・23・8600

平戸発！なんでも事始め

平戸は、長崎県でポルトガル船初入港の地。船員や宣教師たちがつたえた南蛮文化をはじめ、海外との交流により多くのものが平戸につたわったといわれる。

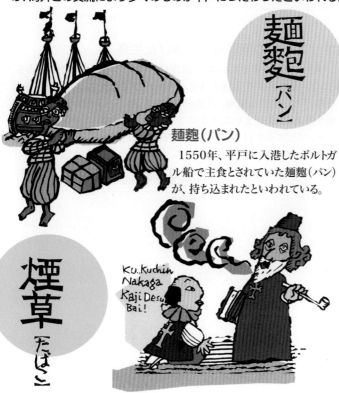

麺麭［パン］

麺麭（パン）

1550年、平戸に入港したポルトガル船で主食とされていた麺麭（パン）が、持ち込まれたといわれている。

Ku..Kuchin
Nakaga
Kaji Desu
Bai!

煙草［たばこ］

煙草（たばこ）

1601年、マニラから平戸に入港したポルトガル船によって、薬用と思われる煙草の種子がつたえられ、徳川家康に献上された。喫煙用煙草の栽培のはじまりについては諸説ある。

平戸までの交通アクセス

飛行機	長崎空港ー佐世保駅（高速バス）ー平戸（バス）（2時間40分）
鉄道&バス	博多駅ー佐世保駅（JR）ーたびら平戸口駅（MR）ー平戸（バス）（3時間20分） 長崎駅ー佐世保駅（JR）ーたびら平戸口駅（MR）ー平戸（バス）（3時間40分）
高速バス	博多駅ー佐世保駅（高速バス）ー平戸（バス）（3時間20分） 長崎駅ー佐世保駅（高速バス）ー平戸（バス）（2時間50分）

その他の平戸海外交流事始め

麦酒（ビール）

1613年、英国船「グローブ号」が平戸に来航した。その船内にはビールが積み込まれており、日本に初上陸したといわれている。その記述は『セーリス日本渡航記』にある。

西洋色墨（ペンキ）

1609年、平戸に日本初のオランダ商館ができた。その外観を彩りよく飾ったのが日本で初めて使われたペンキだといわれている。

平戸事始め説

ハイヤ節　平戸で歌い継がれている民謡「田助ハイヤ節」は、全国各地のハイヤ節のルーツといわれている。

禅　臨済宗の開祖栄西は、渡宋の帰途、平戸に滞在し、冨春庵（ふしゅんあん）とよばれる小堂で座禅の修業をし、禅宗を広めたといわれている。

茶　栄西は宋で入手した茶の種子を冨春庵の裏山にまき、製茶や喫茶の方法を日本人につたえたといわれている。

甘藷　1615年、平戸イギリス商館長リチャード・コックスは、ウィリアム・アダムスから琉球で見つけた甘藷（かんしょ）を贈られ、現在の平戸の千里ヶ浜で日本ではじめて甘藷の栽培をおこなったといわれている。

イラスト　平戸ロータリークラブ製作ポスターより

第4章 聖フランシスコ・ザビエルの生涯

ザビエル肖像画
(大村市　松田毅一南蛮文庫)

ザビエルの日本上陸

ザビエルは、パリでイグナチオ・デ・ロヨラと出会い、イエズス会創設メンバーのひとりとなる。ローマ教皇の使節としてインドに派遣され布教活動をおこない、1549年8月15日鹿児島に上陸し、はじめてキリスト教を日本につたえた。ザビエル43歳のときである。

カトリック教会の聖人。

キリスト教の東洋布教に捧げた生涯

フランシスコ・ザビエルは、「東洋の使徒」と讃えられる聖人である。インド、東南アジア、日本にキリスト教の教えを伝え広めるために生涯を捧げた。危険な航海、言葉の壁、異教徒からの迫害などの困難を乗り越えて、彼がまいたキリスト教の種子(たね)は確実に根づき育っていった。ザビエルが日本にもたらしたキリスト教とその文化は、今もなお生き続けているのである。

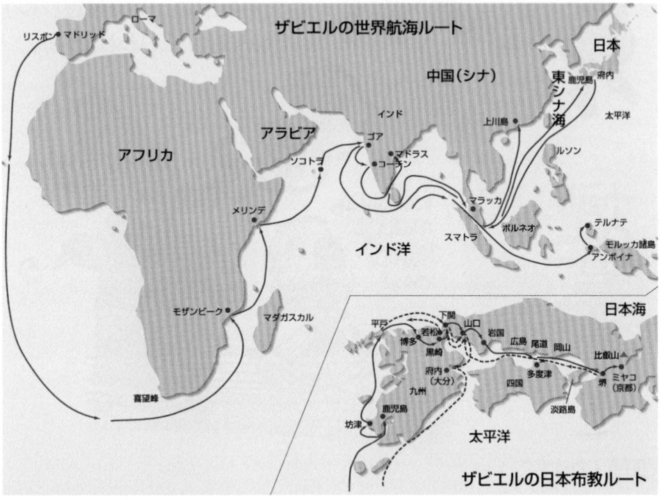

ザビエル生涯年表

1506	スペインのナバラ王国に生まれる
1530	パリ大学聖バルバラ学院哲学部卒業、同大学で教鞭をとる
	イグナチオ・デ・ロヨラとその同志とともにモンマルトルで清貧、貞潔、聖地巡礼の誓願を立てる
1537	ベネチアで司祭に叙階されのちローマへ行く
1540	ゴアに行くためローマを発ち、リスボン着
1541	リスボンを出発し、モザンビークに到着
1542	ゴアに到着、インドで宣教に従事
1546	アンボイナでトーレスと出会う
1547	マラッカで日本人アンジロー(ヤジロー)を紹介される

ザビエルのエピソード「奇蹟の人」

蟹と十字架(レプリカ)

蟹の奇蹟

ザビエルは航海中、嵐に遭った。荒れ狂う海を静めようとザビエルは十字架を海にかざしたが、激しい波にさらわれて、十字架は海に沈んだ。ところが翌朝、ザビエルが穏やかになった浜を歩いていると、その十字架を蟹が届けてくれた。

後日、蟹はザビエルのシンボルとなった。

ほほえみの十字架

スペイン・バスク地方のザビエル城で生まれたザビエルが、家族とともに祈り、信仰の原点としていたのが「ほほえみの十字架」である。この十字架はザビエルが亡くなったとき、血のような汗を流したと伝えられ、スペインでは奇跡の十字架として特別な崇拝を集めている。今もザビエル城に安置されている。

世界にただ一つしかない「ほほえみの十字架」のレプリカが、長崎市の中町教会にある。これはスペインの工房でつくられ、2004年(平成16年)に祭壇中央に安置された。

ほほえみの十字架(レプリカ)
(カトリック中町教会　長崎市
☎ 095·823·2484)

1552

中国での布教のため、ゴアに帰着後、コーチンを発ったが、マラッカで迫害を受け、上川島(サンシャン島)に到着。中国へ入国する機会を待つ間に熱病にかかり12月3日没す

1551

11月　府内を発つ
9月　トーレスとフェルナンデスを山口に残して、ベルナルドと府内(大分)に赴き大友義鎮と会う
4月　再び山口に発ち、琵琶法師ロレンソに洗礼を授ける
3月　平戸に到着
1月　京都で後奈良天皇に謁見できず堺経由で平戸へ戻る

1550

12月　岩国より海路で堺に入る
10月　博多経由で山口へ赴き、大内義隆と会う
9月　再び平戸に赴き、松浦隆信と会う
8月　平戸に行く

1549

マラッカより日本へ向かい、トーレス、フェルナンデス、アンジローらと鹿児島に上陸、島津貴久と謁見

年表参考文献　『日本二十六聖人記念館の聖フランシスコ・ザビエル』結城了悟(日本二十六聖人記念館)
『聖フランシスコ・ザビエル全生涯』河野純徳訳(平凡社)

第5章 ザビエルが去ったあとの平戸事件簿

寺院と教会が混在する現在の平戸

Ⓜ 松尾順造撮影

イエズス会士、平戸追放

ザビエルは2年3ヵ月あまりで日本を去ったが、残された宣教師たちによって多くの人々が敬けんなキリシタンとなった。宣教師たちは平戸に大きな十字架を建てキリスト教を根づかせたのである。その後、ヴィレラ神父の活躍で、平戸のキリシタンは1500人を数えた。

しかし一部のパードレたちは仏像を焼き、神社を破却し、寺院を教会に改造した。このため仏僧や仏教徒の反感が強まり、1558年、ついに領主松浦隆信を動かしてヴィレラ神父を追放させる事態となり、教会堂は破壊された。

宮の前事件　日本人商人vsポルトガル船員

1558年、ヴィレラ神父らの追放後もマカオからの商人たちは平戸に入港していた。1561年に平戸に入港したポルトガル船の乗組員と平戸の商人との間で生糸の取引値段のことから口論となり、仲裁に入った武士をポルトガル人が斬りつけたため、双方に死傷者を出す大乱闘となった。ポルトガル人は、船長をはじめ14人が死亡した。七郎宮の前で起こったのでこれを宮の前事件という。

松浦隆信はこの事件で南蛮貿易の断絶を恐れ、豊後の日本布教長トーレスに書簡を送ってキリスト教を庇護し、教会堂の建設を許可することを約束した。しかしトーレスは隆信を心から信頼できず、ひそかにアルメイダを大村領内に派遣し港を調査させた。1562年6月にはアルメイダがトーレスの命により、平戸に代わる港として横瀬浦を視察。大村純忠と交渉し、開港条件を決めた。

フロイス vs 松浦隆信

ルイス・フロイス像[西海市 横瀬浦公園]Ⓜ

松浦隆信像[平戸市 松浦史料博物館下]Ⓜ

おん宿りのサンタ・マリア教会（天門寺）建立をめぐるかけひき

1562年に開港した横瀬浦が、翌年、大村純忠への反乱によって焼き討ちにあうと、松浦隆信は再びポルトガル船の平戸入港を希望した。度島に滞在していたフロイスは、隆信に対し、ポルトガル船の平戸入港と引きかえに、教会の再建などを要請した。

このとき隆信が建立を認めたのが、「おん宿（やど）りのサンタ・マリア教会」といわれ、日本名で「天門寺（てんもんじ）」とよばれた。場所は貿易商（倭寇）王直（おうちょく）の屋敷の近くにあったといわれる。

フェルナンデスは「日本の教会の中で最も大きく、美しい教会」と評価した。

生月島、度島への布教

1563年、アルメイダは生月島で、トーレスは度島で布教活動をおこなった。

また、横瀬浦にいたフェルナンデスとフロイスは、焼き討ち後平戸にわたり、籠手田家の領地である度島へ移り住んだ。度島には博多や横瀬浦のキリシタンが移住し、祭日には教会に入りきれないほどの人が集まったという。

生月黒瀬の辻に建つ十字架
この場所は、生月のキリシタンの信仰の原点。生月で最初に布教したヴィレラ神父が、ここに大きな十字架を建てた。

参考文献　『長崎市史年表』（長崎市）　『完訳フロイス日本史9』松田毅一・川崎桃太訳（中公文庫）
『出島以前』海外交流史研究会（ろうきんブックレット）　『長崎の殉教者』片岡弥吉（角川書店）

平戸における宣教師と貿易船

東京大学名誉教授
五野井　隆史
Takashi Gonoi

トルレス神父が山口に去った1551年9月以降、平戸には1年半余りにわたって宣教師が不在であった。イルマン(修道士)のアルカソヴァが平戸に来たのは1553年2月末頃のことで、彼は10月19日、日本の事情を報告するためにドゥアルデ・ダ・ガマの船でインドに発った。彼は平戸滞在中に、200人と推定される同地の信徒の教化に当たった。彼の滞在中にパードレ・ガーゴが府内から来て15日間宣教に従事した。翌1554年にポルトガル船の平戸来航はなかった。

1555年の四旬節、2、3月頃にイルマン・フェルナンデスが、山口から平戸を訪れてキリシタンの世話に当たっている。同年2隻のポルトガル船が来航し、平戸島は活気を帯びた。島主松浦(まつら)隆信(たかのぶ)は貿易船が永続的に平戸に来ることを願望し、インドから日本視察に向かっていたイエズス会インド管区副管区長メルシオール・ヌーネス・バレットに書翰(しょかん)を送った。彼は同年10月16日付の書翰で、ザビエルが自領に来て何人かの者をキリシタンにしたことに満足し、豊後からパードレが2度訪れて自分の親族や身分の高い者多数がキリシタンとなり、自分も幾度かキリスト教の教理を聴聞して好感を抱き信者になる意向であり、尊師の来訪を大いに喜ぶであろう、と表明している。彼が書翰を送ったのは、ザビエルら宣教師に対するポルトガル人たちの敬慕の念と信頼の強さを目の当たりにしたためで、彼ら宣教師を保護することが貿易船の来航につながると思ったからであった。

豊後から平戸に来たパードレとはガーゴのことで、ポルトガル船の来着を伝えた商人アルメイダとイルマン・フェルナンデスを伴い、隆信のためにヌーネス・バレット宛のポルトガル語文書翰を作成したようである。彼の有力家臣とは度島と生月の領主籠手田安経(こてだやすつね)アントニオのことであろう。ガーゴはこの時、隆信からキリシタンのための埋葬用の土地を入手し、そこに十字架一基を建てた。同地のキリシタンは500人に増えていた。1557年に2隻の貿易船が平戸に入り、ガーゴはその頃同地に常住していて、同地のキリシタンとポルトガル人商人や水夫らの世話

※トルレス神父＝コスメ・デ・トーレス

ザビエル記念碑［平戸市］

に繁忙を極めた。そのため上長トルレスはヴィレラ神父を支援のため府内から派遣した。キリシタンの増加は寺院や仏僧らとの関係を難しくした。これに拍車をかけたのが、キリシタンによる寺社や仏像などの破壊行動であった。

ヴィレラが平戸に滞在した１年間に、わずか2カ月で1300人が改宗し、三つの元寺院が教会に改修されたため、これに危機感を抱いた一僧侶が隆信に働きかけたことを機に、迫害が起こり十字架は切り倒された。ヴィレラは隆信から事態が鎮静したら呼び戻すとの口実で追放された。1558年のことである。彼はそのために有力キリシタンを指導して慈悲の組（ミゼリコルディア）を作らせ、教界の維持に努めた。ゴアのミゼリコルディアを模範とした最初の信心会が宣教師に代わってキリシタンを支えた。

1561年の平戸の町は貿易船5隻の来着で賑わったが、宣教師不在のため、イエズス会の修道士となっていたアルメイダが急遽、府内から同地を訪れた。彼は度島と生月を経て、平戸島の獅子（しし）、飯良（いいら）、春日（かすが）を巡回して小教会でミサをあげ、平戸ではポルトガル船の甲板に仮祭壇を設けて額入りの聖像を飾ってミサをあげた。平戸の各地や島々からキリシタンが訪れて、この聖像を拝み、説教を聴聞したが、この時カピタン・モールら14人が殺害される、所謂（いわゆる）、宮の前事件が起きたため、宣教師は貿易船の平戸入港を忌避する方針を決め、翌年の来航船は大村領横瀬浦に入ることになる。その2年後の1564年にポルトガル船2隻は、横瀬浦焼亡により再び平戸に入るが、隆信はポルトガル人とフロイスの意向を尊重して宣教師の平戸入りと教会再建を認めざるを得なかった。ポルトガル船の平戸来航はこの年を以て終わる。

なお、宣教師たちが平戸から発信した書翰は1555年から78年まで21通である。最初期の1561年まではガーゴとヴィレラの4通に過ぎない。ポルトガル船が来航しなくなった1565年から67年までには来航期の2倍の8通である。

特集II

宣教師たち長崎で動
ザビエルの遺志を継

ザビエルの布教のシナリオは、日本に同行したイエズス会宣教師たちが中心になって実践した。布教の困難に立ち向かいながら、ザビエルによってまかれたキリスト教の種子は、長崎の各地に根をおろしていく。トーレス、フェルナンデスらをはじめ、ザビエルの遺志を受け継いだ宣教師たちの「布教プロジェクト」の動きを追う。

主な宣教師の日本滞在活動年表

	1550	1560
フランシスコ・ザビエル (Francisco Xavier 司祭 スペイン人)	1549〜1551	
コスメ・デ・トーレス (Cosme de Torres 司祭 スペイン人)		
フアン・フェルナンデス (Juan Fernandes 修道士 スペイン人)		
バルタザール・ガーゴ (Baltasar Gago 司祭 ポルトガル人)		1552〜15
ルイス・デ・アルメイダ (Luis de Almeida 修道士のち司祭 ポルトガル人)		
ガスパル・ヴィレラ (Gaspar Vilela 司祭 ポルトガル人)		
ルイス・フロイス(Luis Frois 司祭 ポルトガル人)		
メルシオール・デ・フィゲイレド (Melchior de Figueiredo 司祭 ポルトガル人)		
フランシスコ・カブラル (Francisco Cabral 司祭 ポルトガル人)		
ガスパル・コエリョ (Gaspar Coelho 司祭 ポルトガル人)		
アレッサンドロ・ヴァリニャーノ (Alessandro Valignano 司祭 イタリア人)		1579〜1582(長崎出発:遣欧使
ルイス・デ・セルケイラ (Luis de Cerqueira 司教 ポルトガル人)		

Ⓚ 小池徳久撮影

く!
いだ人々

出島の野外彫刻「フレンドシップメモリー」[長崎市] Ⓚ

現在、史跡「出島」の庭園に、ポルトガルから贈られたモニュメントがある。ザビエルをモチーフにした顔につづいて胴体部分には、日本布教に生涯をささげた宣教師たちの名前もみえる。

1570　1580　1590　1600

1549～1570（志岐で死去）

549～1567（平戸で死去）

1552～？　1555～1580　1581～1583（天草で死去）

1556～1570

1563～1597（長崎で死去）

1564～1587

1570～1581

1572～1590（加津佐で死去）

（長崎上陸）～1592　1598～1603

1598～1614（長崎で死去）

参考文献 『日本キリスト教歴史大事典』（教文館）

第1章 日本布教長トーレス神父の生涯 横瀬浦をひらいたザビエルの右腕

トーレスはどんな人物？

トーレスは哲学、神学、教会法、ラテン語に通じた宣教師であったが、日本語の知識は乏しかった。フロイスは、トーレスのことを「彼は太って体格がよかったが、粗末なものを食し、普段は素足で帽子も被らなかった。日本の厳しい寒さに対しても暖をとる姿を誰も見たことがなく、夜は戸締まりを調べて一番遅く寝て、朝は早く起きた」と記している。晩年は「善良な老人」とよばれ尊敬されたが、現在トーレスの肖像画は残されていない。

トーレスの長崎での布教地

平戸、横瀬浦、度島、口ノ津、島原、長崎、福田、大村

横瀬浦の位置

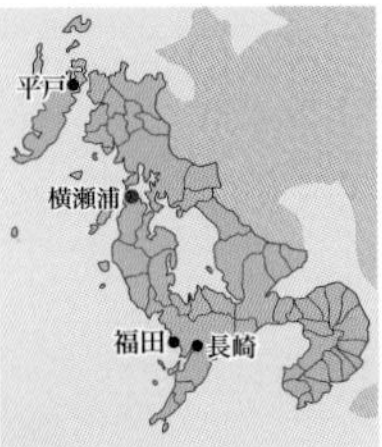

コスメ・デ・トーレス (1510−1570)

スペイン生まれ。1549年、39歳のときにザビエルに同行して来日。ザビエルは京都に向かったが、トーレスは平戸に残り布教した。ザビエルが日本を去ったあと、イエズス会日本布教長として山口で布教し、後に豊後に移った。1563年に横瀬浦で大村純忠に洗礼を授けた。

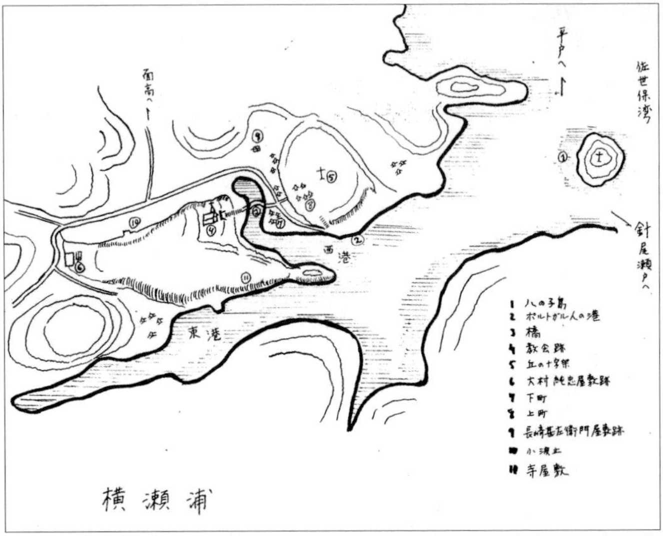

開港時の横瀬浦の地図（『長崎を開いた人-コスメ・デ・トーレスの生涯-』パチェコ・ディエゴ）

横瀬浦の繁栄と挫折

ヴィレラの平戸追放を受け、トーレスは松浦隆信が布教に熱心ではないと判断した。そこで、アルメイダに良港を探させたうえで、大村領主大村純忠の招きに応じ、1562年、横瀬浦を開港した。横瀬浦には大きな十字架が建てられ、数百人がキリシタンとなった。1563年、ポルトガル船が入港するようになると、横瀬浦はまたたく間に繁栄した。しかし、反純忠派により横瀬浦は焼き討ちにあい焼失したので、トーレスはアルメイダとともに横瀬浦を退去した。わずか１年4カ月のできごとである。

横瀬浦公園のベラ・シンヴァ「洗礼」(陶板焼き)[西海市]

横瀬浦で大村純忠に授洗

《トーレスは彼の決意を認めた。それで純忠は重要な家臣25名とともに教会に赴いた。(中略)夜の暗闇の中で武士たちの重々しい足音が狭い路上に聞こえ、教会ではトーレスとフェルナンデスが待っていた。フェルナンデスは彼らに未明まで話し続けた。ついにトーレスは「今までに聞いた説教によって、十分教義を理解し神のことに通じたから、聖なる洗礼を授けてもよい」と考えた。》(『長崎を開いた人-コスメ・デ・トーレスの生涯-』パチェコ・ディエゴ/中央出版社)

長崎開港の年、「善良な老人」志岐に死す

トーレスは、彼が最後の仕事として指導した長崎開港の年、1570年に天草の志岐で没した。

彼の来日以来約20年間にわたる布教の努力の結果は、ヴィレラの書簡が物語っている。平戸から始まった布教活動の成果は、長崎県内のキリシタン16,400人(全国26,250人 62.5%)、教会26(全国41 63.4%)を数えた。トーレスは長崎布教の父ともよべる存在であった。

1570年頃の日本のキリシタンと教会の数〔ヴィレラの報告書簡〕

●平戸	5,000人	教会14
●大村	2,500人	教会 3
●長崎	1,500人	教会 1
●福田・戸町・手熊	1,200人	教会 1
●樺島	400人	教会 2
●五島	2,000人	教会 3
●口ノ津	3,000人	教会 2
●島原	800人	
志岐	2,000人	教会 3
天草	50人	
豊後	5,000人	教会 5
薩摩	300人	教会 1
山口	1,000人	教会 1
都(堺含む)	1,500人	教会 5

参考文献 『南蛮船がきたころ』板垣勉(至誠堂新書48)『日本キリスト教史』五野井隆史(吉川弘文館)
『長崎を開いた人-コスメ・デ・トーレスの生涯-』パチェコ・ディエゴ(中央出版社)

第2章 アルメイダとヴィレラの足跡 長崎における布教と教会建設

アルメイダの長崎での布教地

平戸、度島、生月、獅子、春日、飯良、横瀬浦、口ノ津、島原、五島、大村、福田、長崎

ルイス・デ・アルメイダ　（1525頃－1583）

アルメイダの長崎布教記念碑〔長崎市 春徳寺前〕Ⓚ

リスボン生まれ。外科医の免許をもちながら東アジアの貿易商として活動し、1552年の初来日では平戸で香辛料貿易をおこなった。

1555年に再来日して、翌年イエズス会に入る。豊後府内（大分市）で育児院と病院の建設に関わり医療活動をおこない、西洋医学（南蛮医学）をつたえた。長崎県内各地の教会の基礎をつくり、福祉事業家としても知られる。天草で没した。

アルメイダの五島布教と医療活動

アルメイダは各地で布教活動をしながら外科医として医療活動もおこなった。五島布教のとき、領主の宇久氏（のち五島氏）が重病に苦しんでいたが、金箔を塗った丸薬3粒と頭痛薬を与えて全快させたと自身の書簡に記している。このとき宇久氏は大変感謝して、アルメイダに野猪１頭、雉（きじ）２羽、鴨２羽、鮮魚５匹、酒２樽、米１俵を贈った。

生月のカクレキリシタンには、アルメイダが使ったといわれる薬を量る秤がつたえられている。

長崎に初めて布教した宣教師

アルメイダはトーレスに派遣され、1567年に初めて長崎に布教した宣教師である。長崎の地を訪れた最初の西洋人といわれ、長崎におけるキリシタン史のはじまりの人でもある。アルメイダは長崎甚左衛門（じんざえもん）の招きで大村領の小さな村であった長崎にやってきた。甚左衛門は大村純忠の娘を妻にしていた家臣で、キリシタンであった。アルメイダは甚左衛門の館（桜馬場）近くに居住し、布教所を設けて医療とキリスト教を広めた。１年間の布教活動で500人がキリシタンになった。

アルメイダの五島布教記念碑〔五島市　堂崎教会〕

“長崎”の海外デビュー

1568年、ミゲル・ヴァスは、「昨年、数人のキリスト教徒が住んでいるある村へ、イルマン・ルイス・デ・アルメイダを派遣した。その村は長崎とよばれており…」と、手紙に記した。これが、長崎の名がヨーロッパにつたえられた最初である。これまでだれも注目しなかった長崎が、世界の注目を浴びることになった。

Ⓚ 小池徳久撮影

ガスパル・ヴィレラ　（1525頃－1570）

ポルトガル人宣教師。1553年にインドでイエズス会に入り、1556年に来日した。彼は布教に情熱を燃やし、1558年、平戸で活躍するが仏教徒の反発にあい追放された。1559年に京都に入り、翌年に将軍足利義輝から布教の許可を得たが、1565年にまたも追放された。1570年、天草の志岐でトーレスの臨終に立ち会ったあと、同年秋ゴアに去った。

長崎に最初の教会を建てた宣教師

トーレスによって長崎に派遣されたヴィレラは、まず樺島で布教し長崎に入った。1569年、長崎甚左衛門から住居として与えられた廃寺を聖堂に改造して、現在の春徳寺がある場所に、長崎最初の教会トードス・オス・サントス教会（諸聖人の教会）を建てた。ヴィレラはこの教会を拠点にして布教し、2年間で約1,500人の人々がキリシタンになった。また、彼は長崎開港にも貢献した。

ヴィレラの長崎での布教地

平戸、度島、生月、獅子、春日、飯良、樺島、長崎

唐渡山（とうどさん）の由来

トードス・オス・サントス教会は、1614年の徳川幕府の禁教令施行後の1620年に破壊された。その跡には後に春徳寺が建立され、現在も裏庭にはキリシタンの面影をしのばせる井戸が残っている。

春徳寺裏の山を唐渡山とよぶのも、トードス・オス・サントス教会の名残のようである。

唐渡山と春徳寺 Ⓚ

参考文献　『完訳フロイス日本史9』松田毅一・川崎桃太訳（中公文庫）
『長崎県文化百選　海外交流編』（長崎新聞社）

第3章 『日本史』の著者フロイス 日本布教の歴史を記録した宣教師

ルイス・フロイス記念碑と日本二十六聖人記念碑[長崎市 西坂公園]Ⓚ

ルイス・フロイス (1532−1597)

リスボン生まれのポルトガル人。1563年に来日、横瀬浦に上陸した。1569年、織田信長から布教の許可を得て、キリスト教発展のきっかけをつくった。1586年には、イエズス会日本準管区長コエリョに同行して、大坂城で豊臣秀吉と会っている。彼は、日本における布教の歴史『日本史』を執筆した。

フロイスが見た日本のナマの姿を『日本史』に書く

フロイスは、イエズス会の本部に送る日本の布教活動の年度報告書『年報』を執筆した。特筆すべきは、ザビエルの日本上陸にはじまる布教の歴史、日本の教会史『日本史』を編纂したこと。キリスト教布教に関することのみならず、織田信長や豊臣秀吉といった歴史人物についても生き生きとつたえられている。宣教師の視点で描いた当時の記録として貴重なもので、長崎でのできごとも詳細に記されている。

原本はマカオのイエズス会修道院に保管されていたが、1835年に焼失した。幸いにも写本が残されていたため、今も当時の長崎の姿を知ることができる。

フロイスの長崎での布教地

横瀬浦、度島、平戸、長崎

日本二十六聖人記念館

キリシタンの受難の歴史を紹介

長崎市西坂町7−8
(長崎駅から徒歩5分)
【入館料】
一般 250円(200円)
中・高校生 150円(100円)
小学生 100円(80円)
( )内は20人以上の団体料金
【開館時間】9時〜17時
【休館日】年末年始
☎095·822·6000

豊臣秀吉キリシタン禁制定書一通（松浦史料博物館蔵）

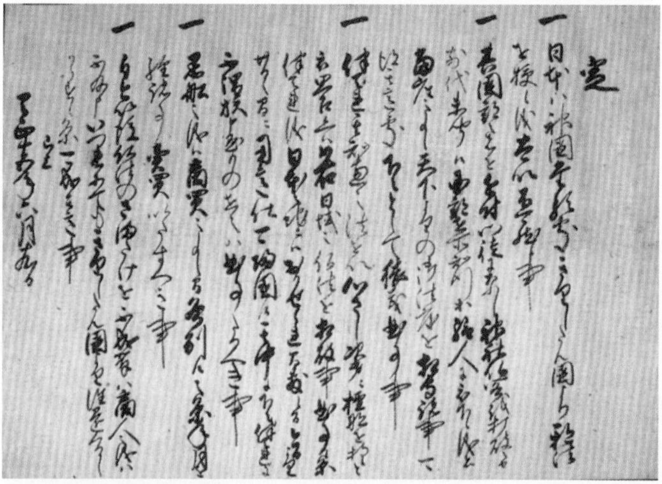

フロイス最後の報告！
26人の殉教をローマにつたえる

1587年、豊臣秀吉は伴天連（バテレン）追放令を発した。この定書は松浦史料博物館に現存する。1597年、フランシスコ会修道士6人を含む26人のキリシタンが、長崎の西坂で処刑された。フロイスは、この詳しい報告書をローマのイエズス会総長に書き送った。これが彼の最後の報告となり、同年長崎で没した。

フロイスの『長崎の二十六殉教者報告』には、十字架にかけられた日本人20人、外国人（ポルトガル人、スペイン人、メキシコ人）6人の名前と出身地などが記されている。その中には五島出身のジョアン（ヨハネ）19歳と、長崎出身のアントニオ13歳も含まれている。この殉教は、近世においては、日本よりもヨーロッパでよく知られていたが、それはフロイスなど宣教師たちの報告書によるところが大きい。

26人の殉教者は、1862年、聖人に列せられた。

ルイス・フロイス像［西海市 横瀬浦公園］Ⓜ

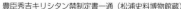

『日本史』全12巻 Ⓣ

松田毅一南蛮文庫

松田毅一（1921-97）は南蛮文化研究の第一人者。フロイスの『日本史』翻訳出版の功績で知られている。松田は『大村純忠伝』の執筆以来、大村市とゆかりが深く、5400冊の貴重な蔵書が遺族から大村市に寄贈された。現在、「松田毅一南蛮文庫」として、大村市立史料館で一般公開されている。

大村市歴史資料館
（ミライon図書館1階）
大村市東本町481
（JR大村駅から徒歩3分）
【開館時間】10〜18時
【休館日】月曜、祝日、毎月25日
☎ 0957・52・2457
※文庫見学希望者は要予約

参考文献　『完訳フロイス日本史9』松田毅一・川崎桃太訳（中公文庫）
『長崎の殉教者』片岡弥吉（角川書店）

第4章 布教の苦難に立ち向かった宣教師たち

フェルナンデスの長崎での布教地

平戸、生月、度島、春日、獅子、飯良、横瀬浦

フアン・フェルナンデス (1526−1567)

スペイン人修道士。ザビエルに同行して来日。日本の風俗習慣を学び、ザビエルやトーレスらの通訳として活躍した。

赤間関(下関)への上陸(内海静治画/日本二十六聖人記念館蔵)

ザビエルを陰で支えた修道士

フェルナンデスはザビエルに同行し、天皇に謁見するために平戸から京都へ向かった。ヴァリニャーノの記録によると「山口で説教中に、ある男が侮辱してフェルナンデスの顔につばを吐きかけたが、冷静に耐えて、布で顔をふいてそのまま話を続けた。その男はフェルナンデスの態度に感動して信者となった」とつたえている。ザビエルが日本を離れたあともトーレスらとともに布教活動を続けた。1563年、横瀬浦では大村純忠の洗礼にたちあい、日本初のキリシタン大名の誕生に貢献している。1564年、平戸の天門寺(おん宿(やど)りのサンタ・マリア教会)を世話した。生涯修道士として日本布教に専念した彼は、平戸で没した。

Ⓜ 松尾順造撮影

現在の長崎港
女神大橋を望む Ⓜ

メルシオール・デ・フィゲイレド　(1528頃－1587)

イエズス会司祭。ゴア生まれのポルトガル人。1564年に来日し、九州各地で布教。1579年、府内のコレジヨに移り、院長を務めた。ゴアで没した。

岬の教会を建てた宣教師フィゲイレド

フィゲイレドは、長崎の開港が決まり新しい町がつくられる中で、岬の突端に小さな聖堂を建てた。これが「岬の教会（サン・パウロ教会）」である。福田にいたフィゲイレドや、迫害を逃れて島原、平戸、山口などから集まったキリシタンたちは長崎に移り住んだ。

岬のサンタ・マリア教会（イメージ模型）

岬の教会はその後何度か建て替えられ、1601年、長崎で一番大きな「岬のサンタ・マリア教会（被昇天のサンタ・マリア教会）」が建てられた。

フィゲイレドの長崎での布教地

口ノ津、島原、五島、福田、長崎

長崎港を測量 開港に貢献

1570年、福田にいたフィゲイレドは、ポルトガル船の入港に適した港を探すため、ポルトガル人航海士とともに長崎港の水深調査や測量をおこなった。福田が停泊に不便だったためである。

翌年にはポルトガル船が長崎に初入港、以後定期的に入港するようになり、長崎はキリスト教布教と南蛮貿易の中心地として栄えていく。

バルタザール・ガーゴ　(1520－1583)

イエズス会司祭。ポルトガル人。1552年、ザビエルとの約束で来日し、平戸で4度布教した。

平戸で4度布教した宣教師ガーゴ

ガーゴは、生月、度島の領主籠手田安経とその妻子、弟一部勘解由、松浦隆信の弟信実らに洗礼を授けた。とくに2度目の布教では隆信に保護され、キリシタンは500人に達した。しかし、4度目は、ヴィレラが平戸から追放された後であり仏教徒による迫害が盛んであった。そのため早々に立ち去っている。ガーゴは平戸布教の成功と挫折を、身をもって味わった宣教師であった。

参考文献　『南蛮船がきたころ』板垣勉（至誠堂新書48）

ザビエルから洗礼を受けたロレンソ了斎

日本二十六聖人記念館　司祭（当時）
結城　了悟
Ryogo Yuuki

私はロレンソの奏でる琵琶の音色を聴きたかった。しかし、ただ道を歩む彼の姿を想像することで満足しなければならない。少し前屈みのひ弱そうな体の背中には琵琶を背負って、右手に握った杖で道を確かめながら歩く。

どこへ行くのだろうか。

ザビエルから洗礼を受けた琵琶法師

1551年秋が始まるころ、大内義隆の文化の町、山口の大路を通ることがあった。そこでなら自分が吟唱する平家物語に耳を傾けて施しをする人がいるに違いないと考えた。しかし遅すぎた。すでに誰かが、集まる人々に話をしている。その人は琵琶法師ではなく外国の僧侶らしい。ロレンソは静かに近づき、たどたどしい日本語に耳を傾ける。人間の歴史にひとつの大切な瞬間が語られている。そこにザビエルがいた。

ザビエルはスペインの貴族出身で有名なパリ大学で助教授となった。ロレンソは平戸の白石という小さな村の貧しい家庭に生まれ、目が不自由で読み書きができない。ザビエルはローマ教皇の大使として任命され、故郷をあとにしてすべてのものの創造主、唯一の神について話をする。

ザビエルは日本で自分が愛する神のことを教えるために、ことばの代わりとなる人を探していた。ここでロレンソはザビエルの弟子となり洗礼を受け、ザビエルはロレンソを神の御ことばの教師にした。ロレンソとザビエルは一緒に住むことになった。

ザビエルなき日本での活動

しかしザビエルはいったんインドに戻る必要があったので、日本に夢を残した。それはミヤコに聖母マリアに捧げられた教会を建てることであった。その夢の実現のためロレンソがミヤコに遣わされた。最初の旅では何もできず空しく帰った。２回目の1559年、ヴィレラ神父に同行してミヤコに入ったが、そこでは住む家を確保するのに困難を極め、5回ほど家から追い出された。ついに土地が手に入った。それから数年たってから、そこには有名な南蛮寺「被昇天の聖母教会」が建てられる。

南蛮寺ができる前の1563年、京から追放されてヴィレラとロレンソは堺に住んでいた。奈良ではキリシタンに敵意を抱く学者や武士3人がヴィレラ神父を裁くために、彼に奈良へ赴くようにと頼んでいた。信者たちはヴィレラ神父を引きと

イルマン・ロレンソ了斎・部分
（町田曲江筆／日本二十六聖人記念館蔵）

めた。先にロレンソを送ったほうが賢明だと勧めた。ロレンソは承知した。神父が殺されないために自分が遣わされる。死の危険があるなら喜んで神父と教会のために命を捧げる。杖を手にして奈良に向かった。そして数週間後、無事に帰ってきた。

フロイスが描いたロレンソ

2人のキリシタンの敵、結城、清原はロレンソの話を聴いたあと洗礼を願った。結城山城守（ゆうきやましろのかみ）の息子も洗礼を受け、自分が住んでいる三好長慶（みよしながよし）の飯盛城（いいもりじょう）で若い武士たちにロレンソを紹介した。彼を待っていた若者たちは、初めて見るロレンソの姿に嘲笑したが、ロレンソはびくともせず話し始め、無意味な生活態度をとがめて、その後ザビエルから学んだ唯一の神のすばらしさについて語った。数日間の話が終わると73名の武士が洗礼を頼んだ。歴史家ルイス・フロイスは次のようにまとめて書いている。

「イルマン・ロレンソはミヤコ地方の教会の基礎のようであった」

当時布教長であったコスメ・デ・トーレス神父は、ロレンソを九州に呼び寄せた。ロレンソは口之津と大村で活躍し、イルマン・ルイス・デ・アルメイダとともに福江島に渡り、五島列島での布教が始まった。途中、アルメイダが病に倒れたので、ロレンソは新しい宣教師が来るまでひとりで支え続け、のちに五畿内へと戻った。

長崎に逃れたロレンソの最期

織田信長は好んでロレンソの話を聴き彼の保護者のように振る舞っていたが、自分の利益のため、キリシタン領主高山右近に高槻城（たかつき）を開け渡すよう、神父オルガンチーノを遣わして説得にあたらせた。右近がそれに従わないなら五畿内の宣教師全員、ロレンソを含めて監禁し処刑すると脅しをかけた。問題が無事に解決するとロレンソは、安土城内でも宣教して信長の息子たちと親しくなった。また豊臣秀吉もロレンソと話し彼のユーモアを聴いて楽しんだ。しかし1587年に伴天連追放令が出されると、ロレンソも五畿内から追放された。

国外追放を避けてロレンソは密かに長崎に行き、古賀教会で晩年を過ごした。衰弱してくると長崎のコレジヨに隠居して、そこで死が近づいてくる。寝床に坐るのを手伝うように頼み、「イエス」と言いながら最期の旅に出発した。66歳であった。

他の宣教師はこう評する。「盲人であったが、神から照らされていた」

キリシタン用語の基礎知識

あ

イエズス会

スペイン人のイグナチオ・デ・ロヨラらが1534年に結成し、1540年にローマ教皇の公認を得た修道会。

イルマン

修道士のこと。神に3つの約束（貞潔、清貧、従順）をして、自分の一生を捧げる男子。

か

管区長

布教地を地域別に分け、そこの責任者のこと。

キリシタン

ポルトガル語のchristãoがそのまま発音されて日本語になったもの。吉利支丹、切支丹などの字があて字されている。キリスト教伝来から明治初期までのキリスト教を信じる者（信者）や、キリスト教そのものをさす。

コレジヨ

現在の大神学校。セミナリヨでの勉強を修了し、ノビシアード（修練院）を終え、神父をめざすものが、さらにラテン語・人文学・哲学・神学などを学んだ。

鹿児島で説教するザビエル・部分（愛久沢勇悟版画／日本二十六聖人記念館蔵）

さ

修道会

キリスト教に生涯を捧げるという同じ目的を持って集まったグループ。3つの誓いをたて、キリストの教えに従って生活する。

巡察師

修道会の長の特使として、布教の現地に派遣された人。視察状況を報告する義務と、現地での問題について対策を講じる権限が委ねられていた。

聖人

殉教もしくは敬虔な生涯をおくり、信者の模範として崇敬をうける人。

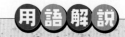

さ

セミナリヨ

今の小神学校。神父や宣教師を育てる学校であるが、当時は、音楽や絵画も教えた。

宣教師

キリスト教の教えをのべつたえるために派遣される人。

洗礼

キリスト教の信者になるための儀式。
水の注ぎをうける。

洗礼名

洗礼を受けるときにいただく名前。霊名・教名ともいう。

た

デウス

神のこと。天主、天帝ともいう。

な

南蛮人

主にポルトガル人やスペイン人をさし、日本の南方、および南方から来た人々の出身地を広く含んでいた。また、オランダ人やイギリス人を紅毛人とよび、南蛮人と区別していた。

は

パードレ

司祭、神父のこと。ポルトガル語でpadre。

バテレン（伴天連）

司祭、神父のこと。パードレに漢字をあてて「伴天連」としたのを、日本語の音で読んだために「バテレン」となったと考えられる。キリスト教徒一般をいうこともある。

ま

ミゼリコルディアの組

ミゼリコルディアは、ラテン語で「慈悲」の意。キリシタン時代に、病人看護や貧しい人々の救済に奉仕したグループ。1240年頃、イタリアではじまった。

メダイ

メダルの意。マリア、聖人の像や十字架などを刻んだもの。

南蛮屏風・右隻部分（神戸市立博物館蔵）

参考文献　『岩波キリスト教辞典』大貫隆、宮本久雄、名取四郎、百瀬文晃編（岩波書店）
『日本キリスト教史』五野井隆史（吉川弘文館）　『まるちれす』カトリック長崎大司教区
『南蛮のバテレン』松田毅一（朝文社）

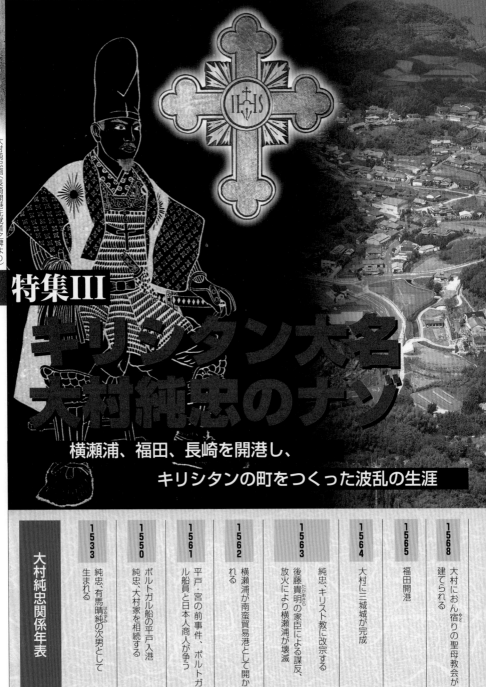

大村純忠画（長崎開港先覚者之碑より）

特集III

キリシタン大名 大村純忠のナゾ

横瀬浦、福田、長崎を開港し、キリシタンの町をつくった波乱の生涯

大村純忠関係年表

1533	純忠、有馬晴純（はるずみ）の次男として生まれる
1550	ポルトガル船の平戸入港 純忠、大村家を相続する
1561	平戸・宮の前事件、ポルトガル船員と日本人商人が争う
1562	横瀬浦が南蛮貿易港として開かれる
1563	純忠、キリスト教に改宗する 後藤貴明（たかあきら）の家臣による謀反、放火により横瀬浦が壊滅
1564	大村に三城城が完成
1565	福田開港
1568	大村におん宿（やど）りの聖母教会が建てられる

現在の横瀬港［西海市］

キリシタン領国を築いた、その人生に見る光と影

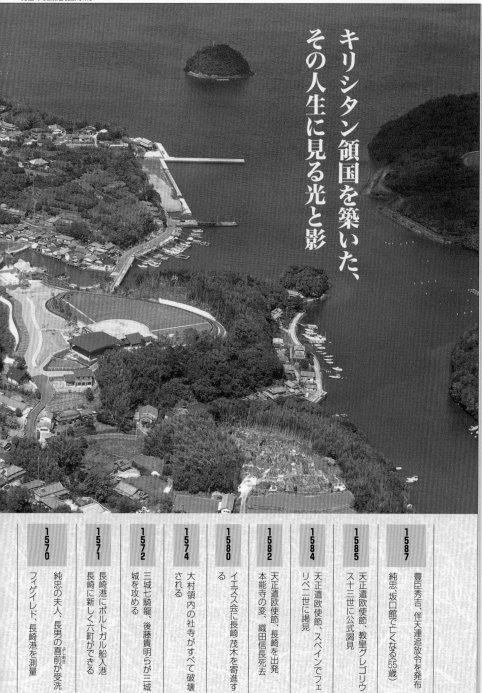

1587	豊臣秀吉、伴天連追放令を発布 純忠、坂口館で亡くなる(55歳)
1585	天正遣欧使節、教皇グレゴリウス十三世に公式謁見
1584	天正遣欧使節、スペインでフェリペ二世に謁見
1582	天正遣欧使節、長崎を出発 本能寺の変、織田信長死去
1580	イエズス会に長崎・茂木を寄進する
1574	大村領内の社寺がすべて破壊される
1572	三城七騎籠、後藤貴明らが三城城を攻める
1571	長崎港にポルトガル船入港 長崎に新しく六町ができる
1570	純忠の夫人、長男の喜前(よしあき)が受洗 フィゲイレド、長崎港を測量

年表参考文献 『キリシタン大名 大村純忠の謎』大村純忠顕彰事業実行委員会編(西日本新聞社)
『大村純忠伝』松田毅一(教文館)

第1章 純忠、横瀬浦で受洗 日本初のキリシタン大名誕生

純忠の受洗

1563年の純忠受洗は、ザビエルが1549年に日本でキリスト教布教をはじめてから、14年目のことだった。兄・有馬義貞は1576年、豊後の大友宗麟は1578年、そして義貞の子・有馬晴信は1580年にそれぞれ受洗した。純忠の受洗がいかに早かったかがわかる。

ちなみに有名なキリシタン大名である高山右近は、純忠受洗の1年後に洗礼を受けている。

純忠の陣羽織にはJESUS（イエズス）の文字

このころ純忠は鎧の上に陣羽織を着ていた。この陣羽織は白地で、両肩に地球を描き、その中に緑色のJESUSとINRIの文字、十字架を書いていた。そして、戦いに臨むときはトーレスから贈られた十字架の旗をなびかせていたという。

横瀬浦の開港

Bartholomeus Rex Vomuræ primus Iapponẽsiũ Principum Fidem Christi amplexus.

大村純忠像（カルディム「血染の花束」所載　松田毅一南蛮文庫）

宮の前事件で平戸を撤退したイエズス会は、平戸に代わる港を探していた。アルメイダはひそかに大村領内の横瀬浦を視察、純忠と開港協定を結び、横瀬浦を貿易港として開港させることに成功する。ポルトガルとの貿易は、莫大な利益をもたらすため、諸国領主は領内へのポルトガル船入港を望んでいた。しかし、貿易とキリスト教布教は切り離せない関係にあった。まわりを敵に囲まれた小さな大村領の純忠にとって、貿易により財政的基盤を強化することが必須であったにちがいない。1562年、純忠は、ポルトガル貿易における免税、キリスト教布教の自由、教会の建設などの特権を与えて、横瀬浦の開港協定を結んだ。

ドン・バルトロメオの誕生

フロイスは著書『日本史』に、1563年の純忠受洗について記している。

横瀬浦で純忠は家臣らと夜が明けるまで神父トーレスの説教をきいた。トーレスは純忠が教義に関する理解を深めているように思ったので、純忠に洗礼を授ける決心をした。純忠は重臣たちの真中でひざまずき、他の人たちよりもいっそう謙虚のしるしを表して両手をあげた。トーレスは純忠に洗礼を授け、ドン・バルトロメオという洗礼名を与えた。純忠に従ってきていた重臣もまた同様に洗礼を受けた。

わずか一年あまりで消えた横瀬浦

1562年に開港した横瀬浦には教会が建てられ、多くの商人たちで賑わった。純忠は家臣のひとりをここに住まわせ、なにごとも宣教師の忠告や意見を聞いてからおこなうように命じたという。しかし1563年、純忠に対する反乱によって横瀬浦は放火され、火はまたたく間に燃え広がり、開港からわずか1年あまりで壊滅した。

Ⓜ 松尾順造撮影

※注）現在の地名で「横瀬浦」はなく、「横瀬」となっている。

❶ フロイス像
[西海市 横瀬浦公園] Ⓜ

❷ **丸山長袖さまの墓** 横瀬浦が繁栄したころ、遊郭があった。「長袖さま」とよばれる遊女の墓が残る。Ⓜ

❸ **思案橋跡**「行こうか、戻ろか」丸山の遊郭を目前に思案した橋。上町・下町から丸山へと通じる道にかけられた。Ⓜ

❹ **八ノ子島** 南蛮船はこの十字架を目印に入港してきたという。現在の十字架は1962年南蛮船来航400年を記念して再建された。Ⓜ

悲劇の歴史を偲ぶ現在の横瀬浦散策

アルメイダがつたえた横瀬浦

《港の入口に高くて円い島が一つあり、その上に美しい十字架が建っていて、非常に遠くから見えます。この島の後方は非常に良い港でありますから、船が停泊します。この港を形成している入江の右にキリシタンの村があり、その前面の高い所に私たちの修院があります。一方の岸から他の岸へ渡るために非常に長い石の橋があり、潮の通る中央の横木は両方の石にとりつけられています》

(『長崎を開いた人-コスメ・デ・トーレスの生涯-』パチェコ・ディエゴ/中央出版社)

フロイスも上陸した悲劇の入り江

横瀬浦は、長崎県西海市にある。純忠が洗礼を受けた歴史的な開港地として栄えたのは、わずか1年あまりでしかない。ここに31歳のフロイスが上陸し、初めて日本の地を踏む。『日本史』で克明な記録を残したフロイスの目に横瀬浦は、小さい入り江の集落ながら美しく輝いて見えたことだろう。

現在、横瀬浦には史跡公園が整備され、フロイスの像が建つ。教会があったといわれるこの高台からは、十字架がたつ丸い島「八ノ子島」と、静かな入り江の集落が一望できる。丸山、思案橋、上町という長崎の地名はここが発祥だともいわれており、不思議な因縁を感じさせる。

❺ **天主堂跡の碑** 展望棟が建ち、ここから横瀬浦が一望できる。Ⓜ

❻ **大村純忠の館跡** 純忠が横瀬浦の教会に通うために建てた館跡。Ⓜ

❼ **上町・下町跡の碑** 横瀬浦開港時代にキリシタンの集落があったといわれる地域。Ⓜ

横瀬浦観光の問合せ先
西海市観光協会
☎ 0959・37・4933

参考文献 『大村純忠』外山幹夫(静山社) 『長崎を開いた人-コスメ・デ・トーレスの生涯-』パチェコ・ディエゴ(中央出版社)
『キリシタンになった大名』結城了悟(聖母の騎士社) 『横瀬浦公園パンフレット』(西海市)

第2章 生涯の悲運を不自然な家系、養子縁組から読み解く

純忠は、有馬家出身

　純忠は有馬晴純の次男に生まれ、17歳で大村家を相続する。養父の大村純前は、実母の伯父にあたり、また叔母の夫でもあった。このことから考えれば、決して不自然な養子縁組、家督相続とはいえない。しかし、大村家にはひとりの男子がいた。生涯にわたり純忠への攻撃をやめることはなかった後藤貴明である。貴明は純忠が大村家に迎えられる前、武雄の後藤純明のもとへ養子に出され、後藤家を相続した。

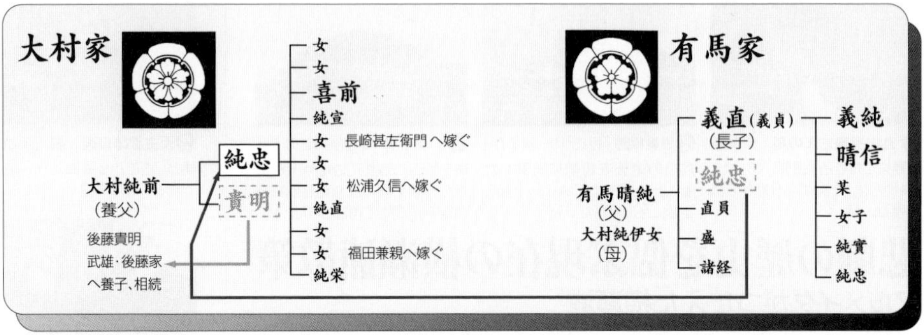

純忠相続のナゾ 糸をひくのは誰？

江戸時代の大村藩の地誌『郷村記』によると、貴明の後藤家相続は有馬氏の主導によってなされたと記されている。その後、純忠が大村家に送り込まれたとすれば、有馬氏は後藤、大村両氏を服従させ、勢力を拡充しようとするもくろみがあったということになる。

大村家分裂 純忠派 vs 貴明派

純忠の大村家相続には反発する者が続出。いわゆる貴明派である。彼らは貴明に従い大村を去った。その数は18氏にもおよんだという。このように大村家相続時の純忠の地位はきわめて不安定なものだった。

小さな大村領、まわりじゅう敵だらけ

昨日の味方は今日の敵。純忠は生涯にわたり近隣領主、身内からの攻撃を受けた

純忠と宣教師の暗殺計画　1563年

大村純忠 vs 大村家の重臣たち・針尾伊賀守・後藤貴明

　キリシタンになった純忠は、養父 純前の位牌を焼き捨て、仏教徒の家臣らから反感をかう。彼らは純忠を憎む後藤貴明を動かし、ひそかに謀反を企てる。それは、純忠と宣教師を同時に殺害し、大村を貴明の領土にするというものだった。ある夜、針尾伊賀守も謀反に加わり、純忠の家臣ドン・ルイス（朝長純安）一行を襲撃。暗闇のなか針尾らは作戦どおりトーレスやフロイスを殺害したと思いこみ、のろしをあげた。それを合図に反逆者たちはいっせいに大村館に襲いかかった。まだ30歳代だった純忠は機敏に塀を飛び越え難を逃れたが、そのとき、聖母の小さな画像を手にしていたという。

系図参考資料　『キリシタン大名 大村純忠の謎』大村純忠顕彰事業実行委員会編（西日本新聞社）
『九州の名族興亡史』（新人物往来社）

福田港の海戦 1565年

ポルトガル商人 vs 松浦隆信

福田の開港に平戸の松浦隆信は激怒。大型船8隻と小舟70隻の松浦軍は福田へ向かい、海上から攻撃をしかけた。2時間に及んだ戦いはポルトガル商人が勝利した。

三城七騎籠(さんじょうしちきごもり) 1572年

大村純忠 vs 後藤貴明・松浦隆信・西郷純堯

後藤貴明は、平戸の松浦隆信・鎮信父子、諫早の西郷純堯と謀り、大村の三城城を攻撃した。しかし、純忠はわずかの兵でこれを撃退。のちに大村家では、城の三方を敵に包囲されながら勝利したこの籠城戦を「三城七騎籠」とよぶようになった。

長崎最初の教会焼き討ち 1573年

大村純忠・長崎甚左衛門 vs 西郷純堯・深堀純賢

西郷純堯は大村を攻撃。純忠は難を逃れたが、長崎では純忠死亡説が流れた。長崎甚左衛門は純堯に屈服する覚悟を決めたが、純忠生存の知らせを聞き防備を強めた。純堯の弟 深堀純賢も長崎に攻撃をしかけ、家々やトードス・オス・サントス教会を焼き払った。

純忠暗殺計画 1573年

大村純忠 vs 西郷純堯・有馬義貞

この時代、西郷純堯は純忠の実兄 有馬義貞を手中におさめていた。純堯は義貞に命じて純忠を誘いだし殺害しようと企むが、義貞は弟を不憫に思い、純堯の謀略を打ち明け、これを助けた。

松浦隆信画像
(松浦史料博物館蔵)

勝山の乱 1580年

長崎甚左衛門・大村純忠 vs 西郷純堯・深堀純賢

西郷、深堀両氏による大村、長崎攻撃は断続的におこなわれた。1580年、純忠の援軍は純堯勢を敗り、その勢いで甚左衛門は純賢勢を敗った。以後この地を勝山とよび、現在の長崎市勝山町の起源となる。

人質事件 1581年

大村純忠 vs 龍造寺隆信

龍造寺隆信の重圧は厳しく、純忠は長男 喜前を人質にとられ、さらに次男 純宣、三男 純直の２人も人質となった。劣勢の純忠は三城城から追放され、その後隆信は喜前を三城城に入れて意のままに操った。

龍造寺隆信画像
(佐賀県立博物館蔵)

沖田畷(おきたなわて)の戦い 1584年

龍造寺隆信・大村純忠 vs 有馬晴信・島津義久

龍造寺隆信は純忠へ有馬討伐の兵を要請。純忠にとって晴信は同じキリシタンであり､甥で実家の当主でもある。大村勢は有馬の勝利を願い、有馬勢へは空砲を撃つことを申し合わせ戦った。この戦いで隆信は戦死。純忠はかろうじて地位を回復し三城城へ復帰した。

参考文献 『大村純忠伝』松田毅一(教文館) 『大村純忠』外山幹夫(静山社)
地図参考文献 『キリシタン大名 大村純忠の謎』大村純忠顕彰事業実行委員会編(西日本新聞社)

第3章 1570年、純忠、長崎の開港を認める

現在の長崎港 Ⓣ

長崎開港の碑 Ⓚ
［長崎市桜町］

城の古址 Ⓚ
［長崎市夫婦川町］

外浦町の碑 Ⓚ
［長崎市万才町］

大村領内における港の移り変わり 横瀬浦、福田、そして長崎へ

横瀬浦の焼き討ち事件後、福田に移った港はまたも憂き目にあう。松浦隆信によるポルトガル船襲撃である。この戦いはポルトガル側が勝利したが、福田港は直接外海に面し風波が激しく、貿易港としては適していなかった。こうして福田にかわる安全な港として長崎の調査にのりだした。

天然の良港、「長崎港」の誕生

南蛮船来航の図（想像図）

トーレスの命を受けたフィゲイレドらは長崎港の水深などを調査し、港に適していることを発見した。彼らは領主である純忠と協定を結び、ここに長崎の港が開港することになる。しかし最初、純忠は宣教師らの開港要求について拒絶する態度を示したという。横瀬浦、福田の両港における襲撃事件や近隣領主の野心などを警戒したのだろうか。宣教師たちは、兄 有馬義貞に説得させ、やむなく純忠は開港を認めたとされている。

Ⓚ小池徳久撮影　Ⓣ高浪高彰撮影

寛永長崎港図・部分（長崎歴史文化博物館蔵）

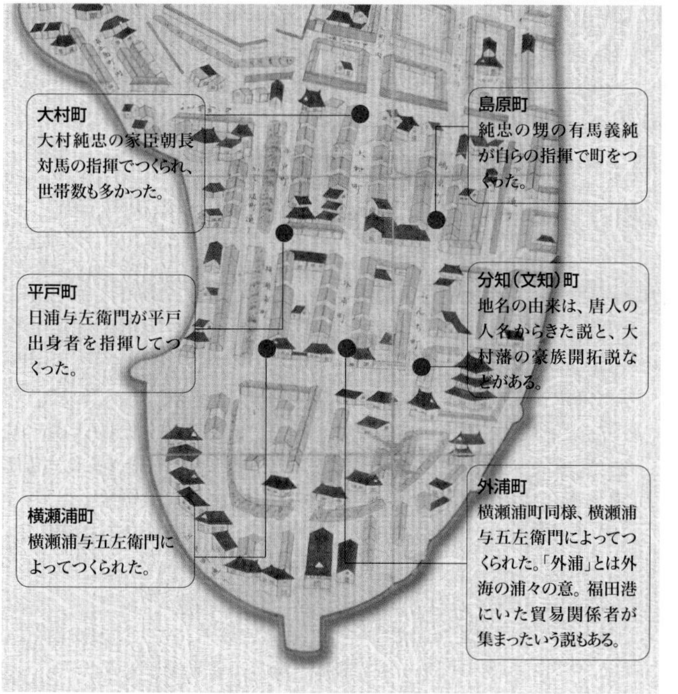

大村町
大村純忠の家臣朝長
対馬の指揮でつくられ、
世帯数も多かった。

島原町
純忠の甥の有馬義純
が自らの指揮で町をつ
くった。

平戸町
日浦与左衛門が平戸
出身者を指揮してつ
くった。

分知（文知）町
地名の由来は、唐人の
人名からきた説と、大
村藩の豪族開拓説な
どがある。

横瀬浦町
横瀬浦与五左衛門に
よってつくられた。

外浦町
横瀬浦町同様、横瀬浦
与五左衛門によってつ
くられた。『外浦』とは外
海の浦々の意。福田港
にいた貿易関係者が
集まったいう説もある。

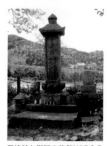

長崎甚左衛門像 ⓣ
[長崎市 長崎公園内]

長崎甚左衛門純景

　長崎氏は平安時代の後期
以降、有馬氏の支配に属した
が、甚左衛門の時代に大村氏
との関係を強め、その重臣の
ひとりに加えられた。甚左衛
門は大村純忠の名をもらい純
景とし、純忠の娘を妻としてい
る。純忠受洗時に甚左衛門も
洗礼を受けたとされ、ベルナ
ルドの洗礼名をもつ。

　1567年、アルメイダは甚左
衛門から布教の許可をとりつ
け、1569年、ヴィレラは甚左衛
門から与えられた地にトード
ス・オス・サントス教会を建設
した。これが長崎における初
めての教会だった。甚左衛門
の城下町はキリシタンの町と
しての性格を強めていったが、
やがて少し離れた岬の6町に
発展を奪われていく。のちに
長崎は天領となり、甚左衛門
はこの地を去った。

　その後、筑後・柳河の田中
筑後守吉政につかえ、田中氏
断絶後、大村領時津村に隠棲
し、1621年生涯を終えた。

長崎最初の6町、“長んか”岬にまちづくり

　開港とともに長い岬の台地に新しい町が誕生した。先端は教会のため
に残し、道をへだてて島原町、平戸町、大村町、横瀬浦町、外浦町、分知
（文知）町がつくられた。この6つの町が長崎における最初の町である。

　町名は移住者の出身地により名づけられ、集まってきた住民のほとん
どは、追放されたキリシタンだった。また、このまちづくりには有馬氏の助
力が大きかったとして、純忠は島原町を6町の筆頭においたといわれて
いる。

　その後の6町は、西郷氏、深堀氏の侵略やイエズス会への寄進、合
併と町名変更を経て、現在は万才町と江戸町の一部となっている。

開港前の長崎と開港後の長崎

　開港以前、長崎の中心は長崎氏の館があった桜馬場や夫婦川、片淵
の一帯だった。海は現在の勝山町付近まですまり、城の古址のふもと
近くまで舟で出入りできたとつたえられている。開港後は、海に突き
だした長い岬の新しい町が賑わうようになっていった。現在の県庁裏
が岬の先端で、絶壁がそのまま海に落ちこんでいた。のちに岬の周辺
は埋め立てられて、江戸町がつくられる。

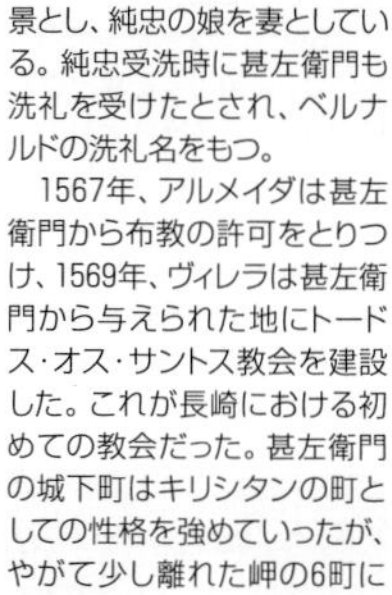

長崎甚左衛門の墓 [時津町] ⓣ

参考文献　『大村純忠』外山幹夫（静山社）　『越中哲也の長崎ひとりあるき』越中哲也（長崎文献社）
『市制百年長崎年表』市制百年長崎年表編さん委員会（長崎市）
『大村純忠公と長崎甚左衛門』松田毅一（親和銀行済美会）　『長崎県大百科事典』（長崎新聞社）

第4章 長崎をイエズス会に寄進した純忠の栄光と悲劇

岬の長崎をイエズス会へ

イエズス会領の長崎、その中身は？

純忠の申し出にヴァリニャーノは悩んだ。イエズス会では知行地を受けることは禁止されていた。なにより宣教師は日本に領土的野心をもっているという疑いが一層深まることを懸念していた。ヴァリニャーノは1年近く検討し、1580年ついにその申し出を受けることにした。

実際イエズス会に与えられたのは、長崎の支配権と徴税権のみで、司法権は大村の役人がもち、その区域は長崎の6町と、茂木の港と田畑に限られていた。また、長崎に入港する船の貿易税は純忠が徴収したが、碇泊料はイエズス会が徴収した。

イエズス会本部跡の碑［長崎県庁内］Ⓣ

たび重なる襲撃、純忠の苦悩、そして寄進の申し入れ

大村純忠がポルトガル人の希望に応じて港を開くと、翌年からその岬の先端にまちづくりが始まった。みるみる人口が増えていき、ポルトガル船も毎年定期的に入港するようになった。しかし、長崎が繁栄していくにつれ、それに反比例するかのように、純忠にとっては悪戦苦闘が続いた。度重なる西郷、深堀両氏による攻撃、さらには龍造寺氏による圧力、また有馬氏は口之津にポルトガル船入港を図りつつあった。

こうした状況のなか、勢力を保とうとする純忠にとって、長崎をイエズス会に譲渡することがもっとも安全な策であると思われた。長崎の町をイエズス会に寄進すれば、龍造寺氏はポルトガル人に敵対することになるような長崎攻撃はしないだろうと考えたのである。そして純忠は、イエズス会の巡察師ヴァリニャーノに、長崎と茂木の寄進を申し入れた。

長崎港から出発した天正遣欧使節

大村純忠が長崎と茂木をイエズス会に寄進した後の1582年、長崎の港から巡察師ヴァリニャーノとともに天正遣欧使節の少年たちが旅立った。九州のキリシタン大名である大村純忠、有馬晴信、大友宗麟の名代として、正使に伊東マンショと千々石ミゲル、副使に中浦ジュリアンと原マルチノが派遣されたが、このうち3人は大村氏ゆかりである。

使節の派遣はヴァリニャーノがゴア帰還の前に急きょ計画したもので、おもな目的は日本での布教の成果をローマ教皇やポルトガル国王にしめし、またヨーロッパ人には日本人を、日本人にはヨーロッパの世界を知らしめることだった。

ヴァリニャーノ肖像画（松田毅一南蛮文庫）

Ⓣ 高浪高彰撮影

大村純忠終焉の地［大村市荒瀬町］Ⓣ

本経寺大村家墓所
［大村市古町］Ⓣ

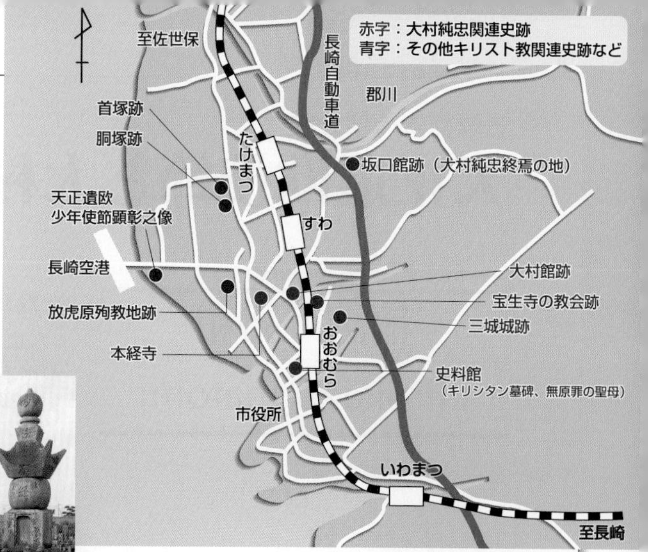

純忠の最期

晩年、純忠は領主の座を退き、郡川（こおり）のほとり坂口の地に隠居する。喉の癌と肺結核を患いながらも、宣教師たちに囲まれ純粋なキリシタンとして過ごした。死の前日、純忠は籠の小鳥に自由を与え、1587年、天正遣欧使節の帰国の姿を目にすることなく息をひきとった。55歳だった。臨終の際、息子の喜前（よしあき）に日本中のキリシタンに模範を示すことができなかったのが残念だと語り、あとを託した。また最期の7年間、純忠と過ごした宣教師ルセナは「ドン・バルトロメオはどんなことがあっても、たとえ全日本の主になることを交換条件にだされても、信仰を棄てることはなかっただろう」と記している。純忠の死後、わずか1カ月後に秀吉の伴天連追放令が発布された。

純忠の息子喜前、キリスト教を棄て日蓮宗へ

江戸初期、日蓮宗に改宗した喜前（よしあき）は本経寺を建立した。これは、キリシタンであった大村家が棄教したことを内外に示すためのものだったと思われる。事実、キリスト教禁教が厳しくなる寛永年間を境に、二代藩主純頼（すみより）の墓が高さ2〜3mだったのに比べ、三代藩主純信（すみのぶ）の墓は6mを超えるほど巨大化している。

小倉から長崎を結ぶ長崎街道は、本経寺近くで道筋を曲げ、寺のすぐ近くを通っており、塀よりも高くそびえ立つ墓碑を見ることができる。キリスト教が盛んだった大村領にとって、仏教の信仰をより明確にしなければならなかった特殊な事情をうかがうことができる。

純忠の墓

純忠の時代、神社寺院が破壊される中で、三城城ふもとの宝生寺は教会に転用された。純忠が坂口館で亡くなったとき、葬列はこの寺まで続いたといわれ、遺体は初めここに葬られた。その後1599年、草場寺に移され、さらに本経寺に移されたと伝えられているが、現在純忠の墓はどこにあるかわからない。

三城城跡の碑［大村市三城町］Ⓣ

大村純忠史跡公園
［大村市荒瀬町］Ⓣ

参考文献　『長崎歴史散歩』原田博二（河出書房）　『市制百年長崎年表』市制百周年長崎年表編さん委員会（長崎市）
『大村純忠』外山幹夫（静山社）　『南蛮のバテレン』松田毅一（朝文社）
『大村純忠公と長崎甚左衛門』松田毅一（親和銀行済美会）
『キリシタンになった大名』結城了悟（聖母の騎士社）　『大村の歴史』大村市教育委員会

日欧交流の架け橋

天正遣欧使節と大村純忠

大村市教育委員会学芸員（当時）

稲富　裕和

Hirokazu Inatomi

天正遣欧少年使節顕彰之像[大村市]

1633年10月、ひとりの老宣教師が長崎西坂の丘に引かれて行く。最も過酷と言われる「穴づりの刑」に処せられながら、薄れゆく記憶の中で彼は何を想っただろうか。処刑を前にして、彼は民衆に向かって言った「私はローマに行った中浦神父です」。中浦ジュリアンの死により、日欧交流史に偉大な足跡を残した彼らの壮大な旅は終わった。「天正遣欧使節」の偉業は、鎖国下の日本では長く封印され、日本人の記憶からも消え去った。彼らの存在が再び知られるのは、明治初頭の岩倉欧米視察団をはじめとして、日本人たちがヨーロッパに赴き、遥か数百年前の使節団のことを彼の地で聞かされた時である。ヨーロッパの人々にとって、日本人の記憶はこの使節団によって始まっている。

「ここに地果て海始まる」。ポルトガルの首都リスボンの西に位置するシントラ市のロカ岬に、国民的叙事詩人カモンイスの詩が記念碑に刻み込まれている。カモンイスはインド航路を開拓したヴァスコ・ダ・ガマに憧れ、詩を書いた。ロカ岬はヨーロッパ最西端で、ここからポルトガル人たちは東洋進出の夢と野望を胸に千里の波濤を越え、伝説の国ジパングに辿り着く。種子島での鉄砲伝来、フランシスコ・ザビエルの来日。大航海時代と言われる世界規模での交流の時代に、日本人は初めて西洋文化と出会い、世界に目を開いた。

西洋文化を日本の最先端で受け入れたのが若き大村領主大村純忠（すみただ）である。織田信長より一歳年上の純忠は、島原半島に勢力を張る有馬晴純（はるずみ）の二男で、大村純前の養子として迎えられた。家臣団の反抗もあり、戦国領主としての純忠は苦しい領国経営を迫られる。

純忠は領地横瀬浦を開港して南蛮貿易を始め、翌年、キリスト教の洗礼を受け、日本最初のキリシタン大名として歴史にその名をとどめることになる。武雄・平戸・諫早連合軍に包囲され、居城三城城で死を覚悟した純忠であったが、「キリスト教徒は決して自ら命を絶ってはならない」と南蛮僧に諭され、やがて援軍が現れて九死に一生を得た。

大村領長崎を開港して貿易と布教活動はさらに拡大。純忠には西洋への憧れ、見果てぬ夢があったに違いない。その夢を代わって適えたのが、イエズス会巡察師ヴァリニャーノが計画した少年使節のローマ派遣である。伊東マンショ、千々石ミゲル、原マルチノ、中浦ジュリアン、彼らは13歳前後の若さで、ザビエルが辿った危険な海路に挑み、2年5カ月に亘る過酷な旅の末、ポルトガルのリスボンに上陸。マドリードで国王に謁見し絶大な歓迎を受けた。

歓迎の嵐はローマ教皇グレゴリウス13世の謁見を頂点に、使節の訪問はヨーロッパ全土に衝撃を持って伝えられた。使節が訪れたイタリア各地には、今も記念碑や絵画が残されている。彼らこそ日本の文化をヨーロッパに伝えた最初の日本人である。

日欧交渉史の泰斗、故松田毅一教授は少年使節に心惹かれ、マカオ、マラッカ、ゴアとその足跡を追ってヨーロッパに旅し、ポルトガル人が開いた港に共通点があることに気づいた。狭い湾の奥に突き出した丘のある港を彼らは好んだ。母国リスボンの港と似ている。長崎も同じ地形だ。ヴァリニャーノたち宣教師が長崎から大村に来るとき、時津あたりから舟で大村湾を渡り、純忠が築城した三城城の西側を流れる川の河口の港に着いた。そこから見上げる三城城もリスボン港で見上げるサンジョルジュ城の光景にどこか似ている。城の麓には領内随一の教会が建てられ、その一方で、神社仏閣はキリシタンによって破壊された。

中世から近世に移る時代の狭間で、西洋文明と出会い、光り輝いた時代があった。そして歴史は過酷な体験を今に伝えている。キリスト教の禁教と鎖国は文明の衝突を避ける知恵だったかもしれない。すでに400年の時が流れた。そろそろ時の番人も許してくれるだろう。真実を求める旅に出ることを。

南蛮人来朝之図屏風·左隻部分（長崎歴史文化博物館蔵）

400年前につたわった南蛮文化を味わう

甘味のはじまり

ポルトガル貿易とともにわが国へポルトガルの味もつたえられた。当時の日本ではポルトガルやスペインのことを南蛮、その国の人たちを南蛮人とよんだ。南蛮人がつたえたものが南蛮料理や南蛮菓子である。日本人にはなじみの少なかった肉や砂糖、香辛料。果物など自然の甘みしか知らない日本人の舌はどのように反応したのだろうか?

宣教師たちは布教の許可と保護を求め、権力者たちへ甘い菓子やさまざまな貢ぎものをした。また民衆への布教活動にも砂糖を用いた。甘さを知った日本人。以後、砂糖は輸入品としてかかせないものになっていく。

400年以上前につたわった南蛮料理や菓子。その名が日本語として定着しているものも多い。

カステラ　Castela

ルーツはパン・デ・ロー(Pão-de-ló)とよばれるポルトガルの菓子で、丸い形をしたスポンジケーキ。また、カステラの語源はスペインにあったカスティーリャ王国の名に由来するといわれる。

カスドース　Castela doce

平戸の代表的な菓子。ポルトガル語でdoceは甘いという意味。castela doceで甘いカステラということになる。カステラを卵黄にひたして高温の蜜であげ、グラニュー糖をまぶす。

パンの話

パンはポルトガル語でPão、スペイン語でPan。キリスト教の布教に欠かせないのがパンと葡萄酒である。当時、パンは日本人の常食にはならなかったが、教会のミサで利用され、長崎では教会を中心につくられていた。

1562年ローマに宛てたアルメイダの手紙には、「大村純忠を教会に招待し、日本風とわが国風の食事でもてなした」と書かれている。

コンペイトウ　Confeito（金平糖）

フロイスの『日本史』には、瓶入りの金平糖を織田信長に献上し非常に喜ばれたと記されている。16世紀のポルトガルでは魚や貝のかたちをした金平糖もあったそうだ。

ボウロ　Bolo

ポルトガル語で焼いた菓子のこと。つたえられた当時は、小麦粉と砂糖をまぜあわせて焼いたかたい菓子だった。

Ⓜ 松尾順造撮影

ヒカド（料理：脇山順子）Ⓜ

ヒカド　Picado

南蛮料理の一種。ポルトガル語で小さく刻まれたという意味のピカードが訛ったもの。鮪（しび）、大根、人参、さつまいもなどの具をさいの目に切り、煮込んだ料理。すり下ろしたさつまいもでとろみをつけるのが特徴。

テンプラ　Tempero（天麩羅）

ポルトガル語で調理されたものの意味。また、カトリックの習慣で肉を口にせず魚を食べる期間をTêmporasという。長崎でもキリシタン時代、その時期には魚や野菜を油であげて食べていたらしい。

油を使用した料理を総称してテンプラとよんだようである。

ヒロウズ　Filhoses（飛龍頭・飛龍子）

もとは南蛮菓子としてつたわった。パンケーキの一種で油であげ蜂蜜などをつけたものが、いつしか豆腐を使った油あげの料理として、長崎の家庭料理へと変化した。京都はヒリュウス、江戸はガンモドキとして各地へつたえられた。

アルヘイトウ　Alféloa（有平糖）

ポルトガル語で砂糖菓子のこと。砂糖にあめを加えて煮つめてつくる装飾菓子。熱いうちにのばしていろいろな形に細工する。
いわば砂糖の芸術品というべきもので、長崎くんちや結婚式になくてはならないものだった。

ビスケット　Biscoito

ポルトガル船の船用食や常備食だった。フロイスの『日本史』には1573年頃、大村領内で布教活動をしていたコエリョが、仏教者に毒殺されることを心配し、ビスケットを食していたと記されている。この当時、長崎の町ではすでにビスケットがつくられていたと考えられる。

日本人好みの南蛮菓子へ

長崎から各地へつたわった南蛮菓子は工夫改良され、現在では各地の名菓として親しまれている。今でもポルトガルにあるFios de Ovos（卵の糸の意）は博多名物・鶏卵素麺に、ジャム入りでつたわったタルト（Tarta）は餡入りへと変化し松山銘菓に、小さな菓子の包みという意味のカセイタ（Caixeta）はもち粉を使った熊本の茶事菓子に、焼菓子のボウロ（Bolo）はやわらかく丸い形に姿を変え佐賀銘菓としてつたえられている。

参考文献　『長崎の西洋料理－洋食のあけぼの－』越中哲也（第一法規）
長崎の特産品「長崎土産」（長崎市）　『長崎開港物語～みろくや食文化』越中哲也（みろくやHP）

特集IV

「小ローマ長崎」と消えた教会

長崎の町の繁栄ぶりは、さながら「小ローマ」のようだとつたえられたように、教会が数多く建てられ、キリシタンの町になった。南蛮貿易の中心地として栄えた長崎は、南蛮屏風にも描かれた。その時代の痕跡をたどる。

南蛮人来朝之図屏風・右隻部分（長崎歴史文化博物館蔵）

第1章 開港、キリシタンの町 長崎のはじまり

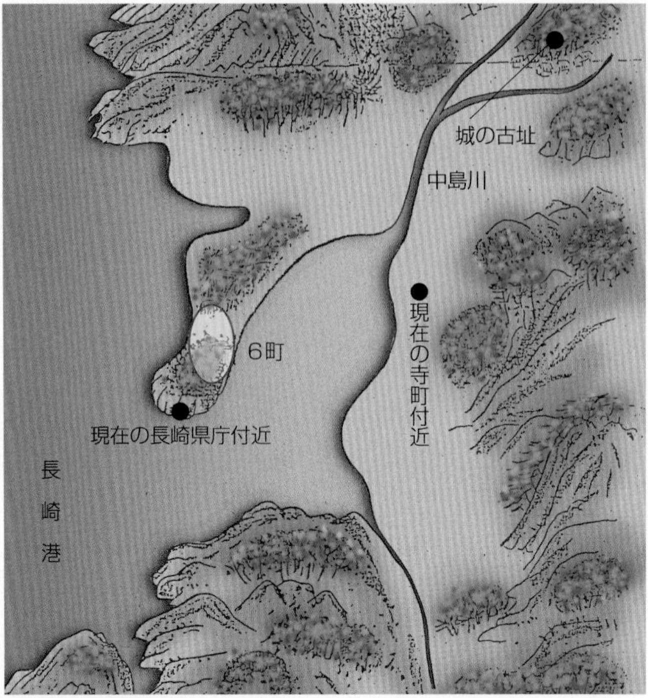

開港以前の長崎図（想像図）

長崎6町と岬の教会の誕生

1570年に長崎の開港が決まり、その翌年、大村純忠は家臣朝長対馬守（ともながつしまのかみ）を派遣して、最初のまちづくりを命じた。

この町にはフィゲイレドと一緒に移住した家族連れのキリシタンがいた。その多くは迫害から逃れてきた人々で、島原、志岐、五島、平戸、山口などから集まっていた。キリシタンの町「長崎」のはじまりである。

フィゲイレドはその先の森に囲まれた突端（現県庁）に、小さな「岬の教会（サン・パウロ教会）」を建てた。

県庁付近の歴史

長崎県庁正門左脇の坂道に立っている。

キリシタンの町が城塞化!?

1572年、大村純忠が後藤貴明らから大村の三城城を攻められた（三城七騎籠）とき、長崎のキリシタンたちは敵の襲撃や迫害を恐れ、山や森に避難した。そこで２日間過ごしたあと、純忠生存の知らせを聞いた。フィゲイレドはキリシタンを集めて、敵の襲撃に備えるため、木の柵を建て、岬をさらに切りひらいて防備を強化した。

フロイスの『日本史』には、《そして一同は木の柵を建て、岬を切り開いて（防備を）強化することを決意した。こうして（ここは）後に町となり城塞（化されていった）。その町が、今日の長崎なのである》と書かれている。

Ⓚ 小池徳久撮影

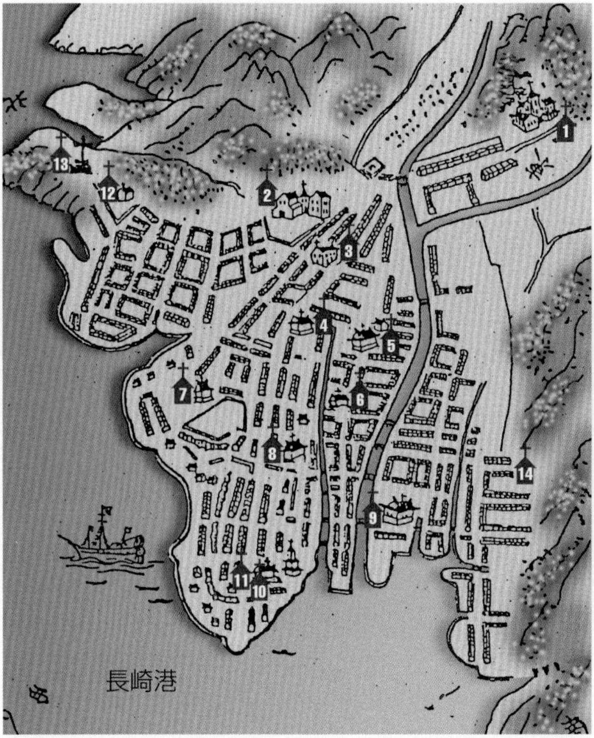

慶長年間（1596-1615）の長崎（復元図） ①トードス・オス・サントス教会（諸聖人の教会）（春徳寺）②山のサンタ・マリア教会（長崎歴史文化博物館付近）③サント・ドミンゴ教会（桜町小学校敷地内）④サン・フランシスコ教会（長崎市役所別館）⑤サン・アントニオ教会 ⑥サン・チャゴ教会 ⑦サン・ペドロ教会 ⑧ミゼリコルディア本部と附属教会（長崎地方法務局）⑨サン・アウグスチン教会 ⑩サン・パウロ教会（長崎県庁）⑪被昇天のサンタ・マリア教会（長崎県庁） ⑫サン・ジョアン・バウチスタ教会（本蓮寺）⑬日本二十六聖人殉教地 ⑭サン・ロレンソ教会

長崎、日本イエズス会の本部になる

1580年、大村純忠は、周辺の敵からの攻撃をかわすため、領地の長崎6町と茂木を日本イエズス会に寄進した。このころ日本イエズス会は長崎に本部を置いた。また、1584年には有馬晴信も、領地の浦上を日本イエズス会に寄進した。

その3年後、伴天連追放令を発した豊臣秀吉は、イエズス会領の長崎、茂木、浦上を取りあげ、直轄地とした。教会は破壊されたが、南蛮貿易保護の関係で禁教は不徹底だったので、教会は再建され、キリシタンの町としての長崎は1614年まで生き残った。

このころの長崎の様子について、『伴天連記』という反キリスト教の書物にも「長崎は日本の良摩（ローマ）なり」と記されている。

イエズス会本部跡
旧県庁入口には、イエズス会本部跡の石碑がある。Ⓚ

開港から30年後、長崎に「小ローマ」の町並み出現

秀吉が死去し、家康が幕藩体制を築くまでの間、長崎はキリシタンの町として隆盛期を迎えた。セルケイラ司教が長崎に居住し、岬の教会（サン・パウロ教会）があった場所には、華麗な「被昇天のサンタ・マリア教会」や学校などの建物が次々に建てられた。長崎の町には教会や福祉施設、病院の数も増えていった。

参考文献　『完訳フロイス日本史9』松田毅一・川崎桃太訳（中公文庫）

第2章 岬の教会物語

県庁正門横のレリーフ図　森におおわれた長い岬の突端に「岬の教会」は建っていた

長崎の繁栄を見つづけた教会

長崎のまちづくりが始まったころ、岬の突端に、小さな教会（サン・パウロ教会）ができた。この教会は幾度かの建て替えや破壊を経て、「被昇天のサンタ・マリア教会」が建てられ、当時の日本で最も大きく美しい教会といわれた。この岬の先端に建った教会や建物は、キリシタン禁教令で破壊されるまで、キリシタンの町「長崎」の繁栄を見つづけたのである。

岬の教会の変遷年表

1571年	長崎6町がつくられる。フィゲイレドが小さな岬の教会（サン・パウロ教会）を建てる。
1580年	建て替え工事が始まる。
1581年	増改築。
1585年	増改築始まる。
1587年	工事半ばで伴天連追放令（1590年まで閉鎖）。
1590年	新しい岬の教会完成。
1592年	秀吉の命で取り壊される。
1593年	建て替えられ、このころイエズス会本部ができる。
1601年	「被昇天のサンタ・マリア教会」として落成。このころ司教館、コレジヨなどの建物が建つ。
1603年	塔が建ち、3つの鐘とめずらしい時計が設置される。
1614年	キリシタン禁教令により、教会、鐘楼、時計台が破壊される。

岬の教会イメージ図

岬の教会イメージ模型
1990年「長崎旅博覧会」に展示されたもの

チャイムが響く美しい教会

1571年に「岬の教会(サン・パウロ教会)」が建てられた場所に、30年後には「被昇天のサンタ・マリア教会」と司教館、コレジヨなどが建てられた。印刷所や絵画教室などもあり、ここにはめずらしい大時計と音楽を奏でる3つの鐘が設置された塔があった。時計の文字盤にはローマ数字と干支で日本式時刻が示され、陰陽両式のカレンダー時計になっていた。

「被昇天のサンタ・マリア教会」には、大きさと美しい外観から、キリシタンだけでなく大勢の見物人が集まった。しかし、1614年の禁教令で破壊され、その美しい建物は姿を消したのである。

被昇天のサンタ・マリア教会についての報告〔1601年、1602年度イエズス会年報〕

《建設敷地が、浜辺まで下ることが出来るような崖上であったので、この崖下から土台を広げるために、三層からなる橋を築かなければならなかった。この構造は三階からなり、石と木材で、しっかりと丈夫に造られた。内部は中央に大祭壇が設置され、その左右に一方には香部屋、他方には香部屋と同じ大きさの広間があり、そして、その上が、中二階となっており、二部屋がある。この二部屋には祭壇も備えられている。浜辺から階層になって、高く聳えているこの教会は、海の方から眺めると非常に美しく見える。》

(『長崎のコレジヨ』純心女子短期大学・長崎地方文化史研究所編)

参考文献　『長崎学県民講座』(長崎県教育委員会)　『長崎のコレジヨ』(純心女子短期大学・長崎地方文化史研究所編)
『長崎のキリシタン遺跡』(長崎純心大学博物館)

第3章 長崎の消えた教会跡めぐり

消えた教会の確かな痕跡。発掘調査で発見！

多くの教会が建ち並び、さながら小ローマのようだったというその町並みを、今見ることはできない。しかし、16世紀後期から17世紀初頭にかけて、長崎に建てられた教会の痕跡は、発見された遺跡などから、その面影を感じることができる。

長崎市の万才町遺跡からミゼリコルディア時代の遺物と思われるメダイや花十字紋瓦が発見された。勝山遺跡からはサント・ドミンゴ教会跡の貴重な遺構が姿を現し、花十字紋瓦が大量に出土した。このほか片淵で発見されたプラケット「ピエタ」（方形の大メダル）もこのころの舶来品と考えられ、日本二十六聖人記念館に所蔵されている。また、長崎で最初に建てられたトードス・オス・サントス教会跡（現春徳寺）には当時の遺構として井戸が残っている。

これらの遺構や遺物は約400年前の長崎にキリシタンの町が確かに存在したことを証明している。

ピエタ　ブロンズ　イタリア製
（日本二十六聖人記念館蔵）

「小ローマ」長崎の町並みが消える

初めて教会が建てられてから45年間、長崎はキリシタンの町として発展し、1614年には人口2万5千人のほとんどがキリシタンであった。しかし、徳川幕府の禁教令で、11月3日から15日の間に、長崎に建てられた教会のほとんどが破壊され、「小ローマ」長崎の町並みはその姿を消してしまったのである。今の長崎に残る当時の面影をたどってみよう。

長崎の主な教会関連年表　※各教会の建設・破壊年はこのほか諸説ある

1569年	トードス・オス・サントス教会（※）
1571年	岬の教会（サン・パウロ教会）
1583年	ミゼリコルディア本部教会
1587年	秀吉伴天連追放令
1592年	秀吉、長崎の教会破壊を命じ破壊する
1600年	山のサンタ・マリア教会
1601年	被昇天のサンタ・マリア教会　サン・ミゲルの教会（※）
1603年	サンタ・クララ教会
1604年	サン・チャゴ教会
1605年	サン・ジョアン・バウチスタ教会
1606年	サン・アントニオ教会
1607年	サン・ペドロ教会
1609年	サント・ドミンゴ教会
1610年	サン・ロレンソ教会（※）
1611年	サン・フランシスコ教会
1612年	サン・アウグスチン教会
1614年	徳川幕府禁教令、教会破壊
1620年	ミゼリコルディアの組の教会と7つの病院破壊

※印の教会破壊

Ⓚ 小池徳久撮影

山のサンタ・マリア教会跡（長崎歴史文化博物館付近） 16世紀末、この付近にはすでに人々に親しまれた小さな教会堂があり、1601年には中央に大きな十字架がたつ墓地がつくられた。町の発展とともに、教会も大きくなった。現在、この場所に長崎歴史文化博物館が建てられている。

被昇天のサンタ・マリア教会跡（イエズス会本部跡）

江戸町、旧長崎県庁の中にイエズス会本部、司教館、コレジヨ、セミナリヨなどがあった。Ⓚ

トードス・オス・サントス教会（諸聖人の教会）跡

夫婦川町、現在の春徳寺。長崎最初の教会。一時コレジヨ、セミナリヨもあった。Ⓚ

サン・ジョアン・バウチスタ教会とサン・ラザロ病院跡

筑後町、現在の本蓮寺。ここにはハンセン病の病院とフランシスコ会の教会があった。このあたりを「サン・ジョアンの町」といった。Ⓚ

サン・フランシスコ教会跡

桜町、現在の長崎市役所別館。禁教令の3年前にフランシスコ会の修道士たちが着工したが完成しないうちに壊された。のち桜町牢が置かれる。Ⓚ

参考文献 『長崎のキリシタン遺跡』（長崎純心大学博物館）

キリシタンの町「長崎」を今に伝える教会遺跡
サント・ドミンゴ教会跡

資料館内部

異国の様式を伝える石畳

大きく平らな石を敷きつめた石畳は教会遺構の特徴。折れ曲がった敷石の延長線上で、石組地下室へとつながっていくようである。

サント・ドミンゴ教会は、1609年にドミニコ会が修道院を設けたときに、現桜町小学校の場所に建てられたが、わずか5年後に禁教令で破壊された。2002年（平成14年）、小学校が建て替えられるときに、敷石や花十字紋瓦などが出土し遺跡（勝山町遺跡）が発見された。教会が建つ土地は、当時の代官 村山等安の所有地だったが、等安がドミニコ会に寄進したもので、ドミニコ会のモラーレス神父が京泊（現在の鹿児島県薩摩川内市）にあった教会を解体し、木材を船で運んで建てたという。

現在は、桜町小学校の敷地内に資料館があり、サント・ドミンゴ教会と、そのあとにできた長崎代官屋敷（末次氏・高木氏）の時代の品々が展示されている。

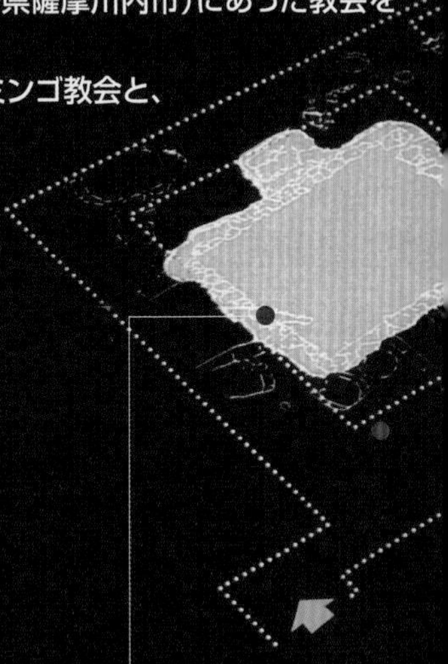

花十字紋瓦

キリスト教の象徴、大量発見！花十字紋瓦

「花十字紋瓦」は、十字の先端が花びら状に開いた花十字を文様に用いた瓦をいう。花十字紋はキリシタン墓碑などにも見られ、キリシタン文化の象徴である。このほとんどが長崎市内で出土し、サント・ドミンゴ教会跡では約80点の花十字紋瓦が発見された。

用途不明の大型石組地下室

四方の壁に石を積み、南側に階段状に掘り込んだ跡が見られる。地下室内からは花十字紋瓦をはじめ陶磁器など教会時代の遺物が見つかった。

重なり合う土坑と礎石跡

教会時代に掘られた穴に末次屋敷の礎石が重なっていることから、教会が破壊されたあと代官屋敷を建てる際にいったん石で埋めて平らにしたと考えられる。

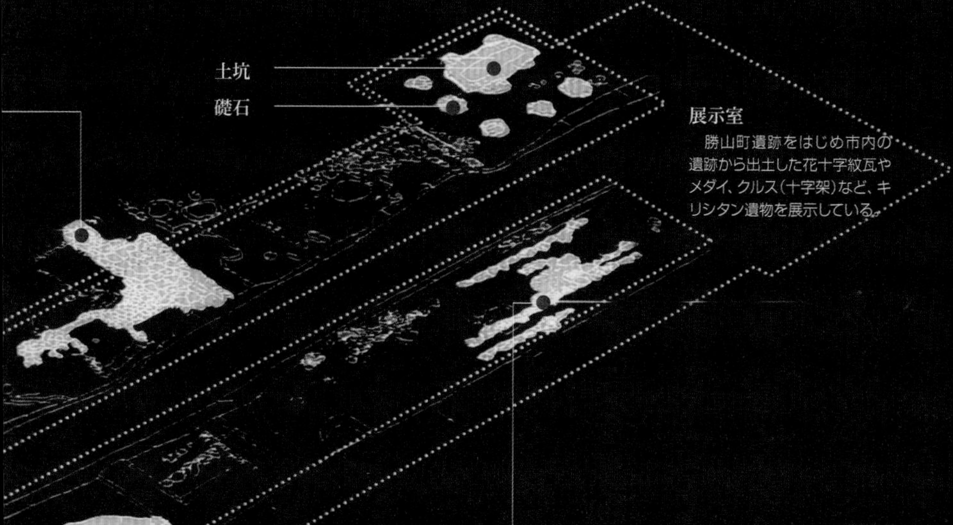

展示室

勝山町遺跡をはじめ市内の遺跡から出土した花十字紋瓦やメダイ、クルス（十字架）など、キリシタン遺物を展示している。

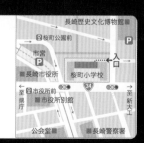

排水溝

一定の幅で二列につくられた様子から、教会建物のまわりに屋根つきの回廊が設けられ、その雨水を流す溝であったことが考えられる。

サント・ドミンゴ教会跡資料館

長崎市勝山町30-1（桜町小学校内）
☎ 095･829･4340
問合せ先　長崎市教育委員会
☎ 095･829･1193

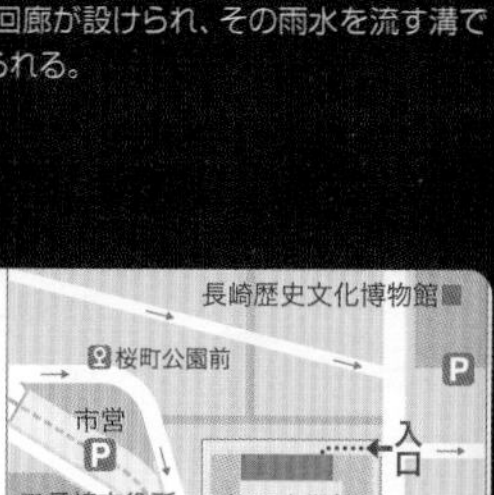

資料・写真　勝山町遺跡遺構全体図（長崎市教育委員会）

第4章 慈善・福祉事業の発祥 ミゼリコルディアの組

キリスト教が日本に伝来した時代に、ポルトガルで盛んにおこなわれていた「ミゼリコルディア」(慈悲の意)という信心会にならい、日本のキリシタンはミゼリコルディアの組を組織した。キリストの教えである隣人愛を実践するためである。長崎では1583年に創立され、本部は、現在の長崎地方法務局(長崎市万才町)あたりに置かれた。

ミゼリコルディア本部跡の碑
[長崎市 万才町] Ⓚ

女性が活躍したミゼリコルディア

当時のミゼリコルディアは外国では男性だけが会員だったが、日本には女性グループがあり、彼女たちは養老院や育児院で活動した。フロイスはある手紙で「日本人女性はポルトガルの女性よりずっと自由だ」とつたえたという。

ミゼリコルディアの本部跡には石碑があり、前の通りは「フロイス通り」と命名されている。

現在の長崎市興善町付近 Ⓦ

福祉施設と病院を建設

ミゼリコルディアの組は、創立2年目に会員が100人になり、1591年にはハンセン病病院(2)、養老院(男女各1)、育児院(1)、墓地(1)を経営した。1614年当時、組は7つの病院を経営しており、サン・ラザロ病院、サン・チャゴ病院、浦上のハンセン病病院などが知られている。禁教令により、すべての教会が壊されたときも、組の教会や病院はその果たしてきた役割の大きさから破壊をまぬがれたが、1620年についに壊された。会員たちはその後も活動を続けたが、迫害による殉教が続き解散した。

迫害された司祭らの避難所となる

1592年、秀吉の命で長崎の教会と修道院が取り壊された後、司祭たちは2ヵ所に身を寄せた。小さな礼拝堂のあるミゼリコルディア本部とトードス・オス・サントス教会である。

Ⓚ 小池徳久撮影 Ⓦ Wan撮影

興善町の由来

ミゼリコルディア跡がある長崎市万才町の隣に「興善町」という町名がある。町立てをした末次興善の名に由来するとされる。彼の息子の末次平蔵は、長崎代官になった。

興善といえば、1612年頃のミゼリコルディアの手紙には、長崎の豪商 後藤宗印などとともに、組長として慈善・福祉事業の先頭にたち活躍したという了悟興善の署名が記されている。

サン・チャゴ教会の鐘
大分県竹田市の中川神社に現存している。

信心の山
(Mons Pietatis)

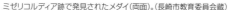

貧困にあえぐキリシタンや戦乱で領地を追われた浪人たちなど民衆を救うため、ミゼリコルディアの組では、資金を集めて救済基金をつくり、低利子で貸す事業「信心の山」をおこなっていた。当時大坂の商人がおこなっていた貸金は７割の利子を取っていたが、「信心の山」では１割の利子で、了悟興善が管理していた。長崎のミゼリコルディアの組は、長崎のキリシタンを救済するだけではなく、東北の津軽までお金を届けたという。

ミゼリコルディア跡で発見されたメダイ(両面)。(長崎市教育委員会蔵)

平戸地方のミゼリコルディア

フロイスの『日本史』によると、1562年、平戸島の春日、獅子、飯良のそれぞれの教会にアルメイダが聖像を安置し、そこには慈悲(ミゼリコルディア)の組が組織されており、組頭たちは教会の世話や宣教師に宿を提供していた、とある。

「深堀騒動」

石段の坂の右上にミゼリコルディアの本部、病院、聖堂があった。

この坂は大音寺坂といい、1700年に起きた長崎版忠臣蔵とよばれる「深堀騒動」の発端となった場所でもある。

「深堀騒動」は、1700年の暮れに佐賀藩深堀領主の家臣2人と筆頭町年寄高木家の使用人が些細なことから大音寺坂で喧嘩したのが発端。おさまらない高木家の使用人らは、夕方、深堀屋敷を襲い乱暴狼藉をはたらいた。無念に思った深堀の武士たち20人あまりは、翌日未明に高木家に討ち入り、主人高木彦右衛門の首をあげた。この騒動で深堀の武士たちは切腹や五島への流罪となり、高木家は欠所（財産没収）した。この事件は、当時江戸につたわり、全国でも大きな話題となった。

Ⓚ

参考文献　『完訳フロイス日本史９』松田毅一・川崎桃太訳(中公文庫)　『長崎学県民講座』(長崎県教育委員会)

聖都ローマと小ローマ長崎

長崎純心大学学長
片岡　瑠美子
Rumiko Kataoka

サン・ピエトロ大聖堂[ローマ・バチカン市国] ①

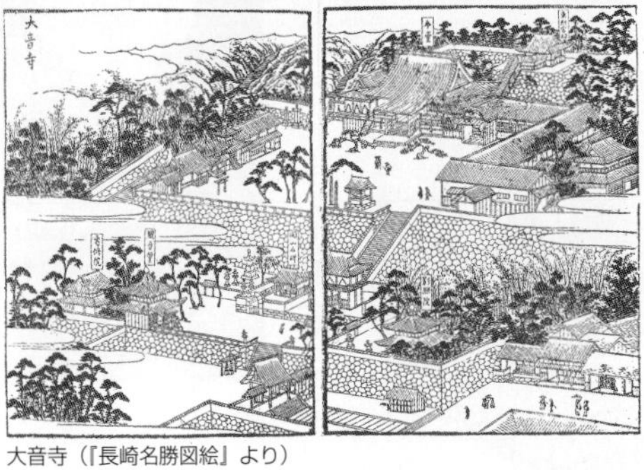
大音寺（『長崎名勝図絵』より）

「まことに残念なことに、これら9つの教会堂、鐘楼や時計台が倒され、破壊され、火をかけられ、焼失したので、市内中で建っているのは、ただミゼリコルディアのみであったが、これも奉行どもの命令で閉鎖され・・・」と1614年の出来事を、アビラ・ヒロンは『日本王国記』に衝撃的に報告している。彼は、「(サンタ・マリア)教会堂から、ものの200歩と少し隔たった、同じ町内にいたのである」という、事件の目撃証人である。

アビラ・ヒロンによると、教会堂の破壊は、11月3日に被昇天の聖母教会（サン・パウロ)、11月5日に山のサンタ・マリア教会とサン・ジョアン・バウチスタ教会、9日にサン・アウグスチン教会、11日にサン・アントニオ教会、12日にサン・ペドロ教会とサント・ドミンゴ教会、15日にサン・フランシスコ教会とサン・チャゴ教会の順に行われた。

これら9つの教会堂と、1619年から1620年ごろに破壊されたトードス・オス・サントス、サン・ミゲル、サン・ロレンソ、ミゼリコルディアの組の教会堂は、現在の長崎県庁から長崎歴史文化博物館までの細長い高台とその周辺にあった。その区域が新しい長崎の町、キリシタンの町であり、まさに「小ローマ」であった。

① 稲富裕和撮影

しかし、「小ローマ長崎」は教会堂の建物の数だけで言われたのではなかった。キリシタンたちは、神と隣人への愛、「ご大切」の具体的表現として「慈悲の所作14か条」を実践する「ミゼリコルディアの兄弟会」ほか、多くの信心会を組織しており、信仰生活をみても小ローマというに相応しかった。

ローマのサン・ピエトロ大聖堂の近くにサント・スピリト病院がある。その旧門の脇の壁に、半分が外部に出ている回転桶がはめ込まれている。外から子どもを入れて回転すると、中でその子を拾ってくれる、捨て子桶である。イタリアでは13世紀以降、捨て子養育院の存在が記録され、有名なフィレンツェのインノチェンティ捨児養育院は15世紀の中頃開設された。そこにも回転桶が残っている。これらの回転桶がどれだけ多くの子どもの命を救ったのであろうか。

戦国時代のわが国では、捨て子、間引きが平然と行われていると宣教師は驚いている。そうした中で、1583年度年報は、「(ドン・バルトロメオの所領では・・・)この(付近の)海域に多く出没する海賊の手から奴隷を身受けすることにおいても多大の熱意をもって事が進んでいる。また、慈善院が建てられ、ここで寡婦や孤児、その他貧者のために寄附を集め、重い皮膚病のために病院を建てた」と長崎のミゼリコルディアの兄弟会の活動を伝えている。また、創設にあたっては、「シナに人を派遣してマカオのポルトガル人が用いるのと同じ規約と旗を求めさせ、この規約に従って運営をすることとした」と記されているが、マカオのミゼリコルディアは、1564年に初代日本司教に任命されながらも来日できなかったメルキオール・カルネイロが創設したSanta Casa da Misericordiaが、現在も活動を続けている。そのマカオと同じボランティア活動が長崎で行われていたということである。イタリアに始まり、ポルトガルがならった「ミゼリコルディアの兄弟会」は、500年以上を経た現在も健在で、ボランティア、寄附による活発な活動を続けている。

1620年度日本年報は、「ミゼリコルディアの聖堂はキリシタンの信心の証としてただ一つだけ残っていたが、ついに取り払われた。7ヵ所の病院もデウスを礼拝するという嫌疑を受けて根底から倒されてしまった。入院中の患者は風雨や冬の寒気に晒(さら)されたので、キリシタンが同情してよりよいところに彼らをやっと引き取った」と記す。教会跡には、大音寺が建てられたと『長崎名勝図絵』は伝え、寺の鐘は「元切支丹(キリシタン)ノ鐘ナリシ由」と『長崎実録大成』に記されている。

『旅する長崎学1』おもな登場人物 (50音順)

イグナチオ・デ・ロヨラ

ヴァリニャーノ

大村純忠

有馬晴信(1567-1612) P.33

有馬義貞の次男。兄 義純が早世したため1571年に家督をつぐ。80年に受洗。プロタジオの洗礼名をもつ。84年に島津義久との連合軍で龍造寺隆信を敗り、感謝のしるしとして浦上をイエズス会に寄進。1612年に岡本大八事件で死去。晴信はキリシタンであったため自刃を選ばなかった。

アルメイダ(1525-1583) Luis de Almeida P.14/P.18

ポルトガル人。医師の資格を取得したのち、1552年に貿易のために来日。豊後でトーレスと出会い、豊後府内(現大分市)で育児院や病院の建設に関わり、日本にはじめて西洋医学を導入する。80年マカオで司祭となり、3度来日、布教や医療のために活動した。天草で没す。

ヴァリニャーノ(1539-1606) Alessandro Valignano P.14/P.36

イタリア人。東インド巡察師として1579年に来日。日本における布教体制を再編し、82年天正遣欧使節とともに長崎を発った。90年に再びインド副王使節として遣欧使節をともなって日本を訪れ、活字印刷機などをもたらした。マカオで没す。著述に『日本巡察記』がある。

大友宗麟(1530-1587) P.30

戦国時代の武将。キリシタン大名。名は義鎮。大友義鑑の長男として生まれた。北九州6ヵ国の守護職を得、さらに九州探題に任ぜられた。1562年に入道し宗麟と称した。78年に受洗、その年耳川の戦いで島津軍に大敗。島津軍の侵攻をうけた宗麟は豊臣秀吉に救援を乞い、87年秀吉の九州平定となる。島津氏は降伏、宗麟は国を安堵された。同年病死。

大村純忠(1533-1587) P.28

戦国末期の肥前大村の領主。キリシタン大名。有馬晴純の次男として生まれたが、大村純前の養子として家督を継ぎ、大村と西彼杵半島を支配した。1563年に受洗。横瀬浦、福田、長崎と領内に貿易港を開港。80年に長崎と茂木をイエズス会に寄進。

織田信長(1534-1582) P.20

戦国・安土時代の武将。1573年、足利義昭を追って幕府を滅ぼす。安土城を築き、天下統一を目前に本能寺で明智光秀に襲われ自害。フロイスら宣教師とも親しくつき合い、キリスト教を保護した。また、西洋伝来のものを好み、ビードロのマントや西洋の帽子を着用、南蛮鎧を身につけていたといわれている。

後藤貴明(1534-1583) P.32/P.33

大村純前の子でありながら、後藤純明へ養子にだされ家督をつぐ。大村領をたびたび侵攻し、純忠を悩ませた。龍造寺隆信の三男家信を養子とし、この家信が武雄鍋島の氏の祖とされている。

ザビエル(1506-1552) Francisco Xavier P.1

スペイン人のカトリック司祭。宣教師。日本にはじめてキリスト教をつたえた人物。バスク地方ザビエル城に生まれる。パリ大学で勉学中、イグナチオ・デ・ロヨラと出会いイエズス会創立の最初の同志のひとりとなった。1540年ロヨラによって東洋への宣教に派遣され、インド、東南アジアを経て49年に日本へ。各地で宣教し、52年中国の上川島で没した。

トーレス(1510-1570) Cosme de Torres P.14/P.16

イエズス会宣教師。スペイン出身。1549年ザビエルとともに来日。鹿児島・平戸・山口で宣教。ザビエルが日本を去ったあと、日本宣教の布教長となる。56年大友宗麟の保護をうけ、教会を発展させた。63年大村純忠に洗礼を授けた。口之津・志岐・大村などで宣教し、長崎開港にも深くかかわった。70年、志岐で没す。

徳川家康(1542-1616) P.45

徳川初代将軍。1600年、関ヶ原の戦いで石田三成らを破り、03年征夷大将軍に任ぜられて江戸幕府を開く。大坂の陣で豊臣氏を滅ぼし、幕府260余年の基礎を確立。秀吉死後、一時的にキリスト教の自由を認めたが、14年にキリスト教禁教令をだした。以後、きびしいキリシタン弾圧がつづくことになる。

豊臣秀吉(1537-1598) P.21／P.45

戦国・安土桃山時代の武将。織田信長に仕え、やがて羽柴秀吉と名のる。本能寺の変後、明智光秀を滅ぼし、四国・中国・九州・関東・奥羽を平定し天下を統一。文禄、慶長の役を起こし朝鮮に出兵。戦半ばで病没する。はじめキリスト教に好意的であったが、1587年伴天連追放令を発布。しかし南蛮貿易は歓迎した。

長崎甚左衛門(1548-1621) P.19／P.35

肥前長崎村の領主。大村純忠の家臣となり長崎村は大村領となる。純忠受洗時に洗礼をうけたとされ、ベルナルドの霊名をもつ。その後、長崎村は天領となったためこの地を去り、筑後・柳川の田中筑後守吉政につかえる。のちに長崎にもどり大村領内で没す。

フェルナンデス(1526-1567) Juan Fernandes P.2/P.5/P.14/P.22

スペイン人。修道士。1549年ザビエルらとともに来日。日本語を話し、ザビエルやトーレスらの通訳として活躍。フロイスにも日本語や風俗文化を教授する。64年から平戸の天門寺(おん宿りのサンタ・マリア教会)に駐在し、この地で没す。

フロイス(1532-1597) Luis Frois P.11／P.14／P.20／P.31

イエズス会司祭。ポルトガル人。『日本史』の著者。1548年イエズス会に入り同年ゴアに渡航。63年横瀬浦に到着。平戸の度島でフェルナンデスから日本語を学ぶ。65年に上京。12年間畿内に滞在し、織田信長の保護を得る。滞日中140余通の日本通信を本国へおくり、83年から『日本史』をまとめた。また『日欧文化比較論』を著す。長崎で病没。

松浦隆信(道可)(1529-1599) P.2／P.11／P.33

松浦氏25代当主。松浦興信の子。1550年に南蛮貿易をはじめる。68年家督を鎮信に譲ったが実権は握り続け、87年秀吉の九州平定ではいち早く参陣し、領土の安堵を得た。ポルトガルの貿易が長崎へと移ったあとは、オランダやイギリスと交易をむすんだ。

龍造寺隆信(1529-1584) P.33

戦国時代の武将。肥前の大名。小弐氏・大友氏らを敗り、さらに有馬氏、大村氏を攻め、肥前のほぼ全領域を支配した。1584年島津・有馬氏連合軍との戦いで戦死(沖田畷の戦い)。隆信の死後、鍋島直茂が実権をにぎり、その後は鍋島氏の佐賀藩につながっていくことになる。

ロヨラ(1491頃-1556) Ignatius de Loyola P.8

スペイン人のカトリック司祭。イエズス会の創立者。バスク地方のロヨラに生まれる。1540年ザビエルら数人の同志とともに修道会イエズス会を創立、初代の総会長として56年ローマで没す。

ロレンソ了斎(1526-1592) P.24

肥前白石に生まれる。目が不自由で琵琶法師であった。1551年に山口でザビエルと出会い、トーレスやヴィレラら宣教師を助けて働く。その後イエズス会に入会、修道士(イルマン)となり、畿内や九州で布教活動をおこなった。87年に伴天連追放令がでると五畿内から追放され、長崎で没す。

フランシスコ・ザビエル

ルイス・フロイス

松浦隆信(道可)

龍造寺隆信

参考文献 『広辞苑』新村出編(岩波書店) 『岩波キリスト教辞典』大貫隆、宮本久雄、名取四郎、百瀬文晃編(岩波書店)

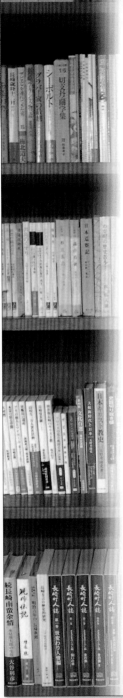

キリシタン文化を旅する おすすめ本

『ザビエルの見た日本』

ピーター・ミルワード 著／松本たま 訳

■講談社（講談社学術文庫）■1998年刊 ■700円（税別）

1549年に来日したフランシスコ・ザビエル。約2年の滞日中「日本人は知識欲と好奇心が強い」「日本はキリスト教伝道にふさわしい国だ」などといった手紙をスペインのイエズス会や友人あてに送っている。これらの書簡からはザビエルの見た日本、そして日本布教に邁進したザビエルの心情を読みとることができる。

『完訳フロイス日本史9 大村純忠・有馬晴信篇Ⅰ』

ルイス・フロイス 著／松田毅一・川崎桃太 訳

■中央公論新社（中公文庫）■2000年刊 ■1,143円（税別）

1563年に横瀬浦にその一歩をしるしたフロイス。『日本史』は16世紀のヨーロッパ人が捉えた日本の姿をつたえる貴重な資料である。9巻では横瀬浦焼き討ち事件や大村純忠・有馬義貞の改宗、また島原・五島・天草・長崎での苦難の布教活動を描いている。毎日出版文化賞、菊池寛賞受賞。 全12巻。

『大航海時代と日本』

五野井隆史

■渡辺出版 ■2003年刊 ■2,000円（税別）

約460年前の大航海時代、日本とヨーロッパがはじめて出会い、異文化の交流がはじまった。ザビエルの布教、キリシタン大名の高山右近、三浦按針ことウィリアム・アダムスなど海のむこうの文化を積極的に受け入れ、あらゆる困難を勇気と情熱で乗りこえた男たちの力強い物語。

『フロイスの見た戦国日本』
川崎桃太

■中央公論新社(中公文庫) ■2006年刊 ■800円(税別)

フロイスは『日本史』のなかで人々の生活、文化、芸術などもいきいきと描いている。本書は信長、秀吉をはじめとする人物論を中心に、風俗、文化、芸術などをテーマとした記述をぬき出し解説をくわえたいわゆる『日本史』のダイジェスト版。安土桃山時代の風俗をあらためて認識できる。

『殉教の刻印 』
渡辺千尋

■長崎文献社 ■2013年刊 ■1,600円(税別)

島原有家版「セビリアの聖母」復刻の全遺程1597年に有馬のセミナリヨで制作された銅版画には謎がかくされていた。「白い鳩」はなぜ消されたか。同年に起きた二十六人の殉教事件と関連があるのか。

著者は殉教の道800㎞を歩き、復刻の決意を固めた。

『長崎・平戸散歩25コース』
長崎県高等学校教育研究会地歴公民部会歴史分科会 編集

■山川出版社 ■2001年刊 ■1,200円(税別)

大航海時代の城下町・平戸、異国情緒あふれる長崎。東西文化の交錯する町をキリスト教伝来から迫害まで、鎖国下の窓口・出島、中国との交流など各時代にわけ、異国に開かれた港町ならではの歴史散歩25コースを紹介。長崎平戸散歩事典つき。

『珠玉の教会』
三沢博昭

■長崎新聞社 ■2013年刊 ■1,400円(税別)

世界遺産への動きは、この写真家に触発されてはじまった。長崎の教会に目を開くきっかけは、外海にある大野教会だったと述懐している。数々の名建築を撮りつづけた写真家三沢博昭のメッセージがこの本に凝縮されている。

※年表は西暦による

年	長崎年表	年	国内・海外年表
		1549年	フランシスコ・ザビエル、鹿児島上陸(キリスト教伝来)
1550年	ポルトガル船、平戸に初入港	1551年	ザビエル、日本人5人を伴い豊後からインドへ向
	ザビエル、平戸に赴き、布教を開始する		かう
	大村純前没し、純忠(大村家18代)跡をつぐ	1552年	ザビエル、中国南部の上川島で没す
1558年	松浦隆信、仏教勢力の要請をうけ、宣教師ガスパ	1559年	ヴィレラ、将軍・足利義輝に謁見
	ル・ヴィレラを平戸から追放する		
1561年	宮の前事件　平戸で、ポルトガル商人と日本人商人	1560年	幕府、ヴィレラらに布教を許す
	が争い、ポルトガル人14人が殺害される		織田信長、尾張桶狭間で今川義元を破る
1562年	横瀬浦開港　ポルトガル船、横瀬浦に入港する		
	大村純忠、ポルトガル船に貿易上の特権を与える		
1563年	大村純忠、横瀬浦で重臣25人とともに洗礼を受ける	1563年	三河一向一揆蜂起
	ルイス・フロイス、横瀬浦に上陸		
	武雄・後藤貴明らの大村純忠に対する謀反から、		
	横瀬浦放火で港は壊滅		
1564年	大村純忠、大村に三城城を完成	1565年	三好義継と松永久秀、将軍・足利義輝を殺害
1565年	福田開港　ポルトガル船、福田に入港する		ヴィレラとフロイスを京都から追放
	松浦隆信、福田を急襲するがポルトガル船の反撃で	1568年	信長、足利義昭を奉じて京に上がる
	撤退	1569年	フロイス、二条城で信長に謁見　信長、京都布教
1567年	ポルトガル船、口之津に入港		を許す
1569年	ガスパル・ヴィレラ、長崎最初の教会トードス・オス・サ		フロイスとロレンソら、信長の面前で日乗上人と
	ントス(諸聖人)教会を建設		宗教論争
1570年	長崎開港、大村純忠とイエズス会が、長崎を南蛮貿	1570年	イエズス会員、志岐(天草)で会議。カブラル、布
	易港にする協定を結ぶ		教長となる
			トーレス、志岐で病死　姉川の戦い
1571年	ポルトガル船、はじめて長崎に入港	1571年	信長、延暦寺を焼き討ち
	長崎6町の誕生(島原町、平戸町、大村町、横瀬浦町、		フロイスとオルガンチーノ、信長に謁見
	外浦町、分知町)	1573年	信長、義昭を破る　室町幕府滅亡
1572年	後藤貴明、松浦隆信、西郷純堯ら大村純忠の居城三	1575年	長篠の戦い
	城城を攻める(三城七騎籠)	1576年	信長、安土城を築き、ここに移る
1574年	大村領民、キリシタンに大挙改宗。神社仏閣の破壊	1578年	大友宗麟、カブラルより洗礼を受ける
1579年	イエズス会巡察師ヴァリニャーノ、口之津に来着		上杉謙信没す
	大村純忠、ヴァリニャーノに長崎寄進を申し出る		
1580年	有馬晴信、ヴァリニャーノより洗礼を受ける　洗礼名	1580年	信長、本願寺光佐と和す
	プロタジオ		ヴァリニャーノ、京都で信長に謁見し、学校建設の
	大村純忠、長崎と茂木をイエズス会に寄進		許可をうける　安土にセミナリヨ設置
	岬の教会(サン・パウロ教会)の建てかえ工事	1581年	豊後府内にコレジヨ設立
	有馬にセミナリヨが建てられる		スペイン国王フェリペ2世、ポルトガル国王となる
1582年	天正遣欧使節、長崎を出発	1582年	信長、明智光秀に襲われ自害(本能寺の変)
			教皇グレゴリウス13世、新暦を公布
1583年	長崎に病院、老人施設をもつミゼリコルディアの組	1583年	秀吉、大坂城を築く
	を設立(長崎における社会福祉事業の起源)		アルメイダ、天草河内浦で病死
1584年	龍造寺隆信、有馬・島津連合軍と戦い、島原沖田畷で戦	1585年	秀吉、関白となる
	死する		フロイス、加津佐で「日欧文化比較論」を執筆
	有馬晴信、勝利に感謝し浦上村をイエズス会に寄進	1586年	コエリョとフロイス、大坂城で秀吉に謁見
			フロイス、下関で「日本史」第1部を脱稿
			秀吉、太政大臣となり豊臣の姓を賜わる
1587年	大村純忠没す	1587年	秀吉、九州に出兵　島津義久、秀吉に降伏
			秀吉、博多湾上のフスタ船にバテレンを訪ねる
			博多で伴天連追放令を発布
1588年	秀吉、長崎・茂木・浦上を直轄地とする	1588年	秀吉、刀狩りをはじめ、倭寇の取締りを命ずる

長崎年表		国内・海外年表	
588年	初代・長崎代官に鍋島直茂	1588年	イギリス、イスパニアの無敵艦隊を破る
		1589年	秀吉、京都のキリスト教会を焼く
590年	天正遣欧使節、ヴァリニャーノとともに長崎に帰る	1590年	秀吉、小田原城を攻める
	活版印刷機を持参（わが国最初の金属活字印刷機械）		北条氏滅亡、秀吉の全国統一完成
592年	初代奉行に寺沢志摩守　長崎代官に村山東安(等安)	1592年	文禄の役はじまる
		1596年	サン・フェリペ号事件
597年	二十六聖人、長崎西坂の丘で殉教	1597年	慶長の役はじまる
	ルイス・フロイス、長崎で病没	1598年	豊臣秀吉没す
599年	大村喜前、玖島城を築城、三城城から移転		
601年	日本人初の司祭誕生(セバスチャン・キムラ、ルイス・ニアバラ)セルケイラ、岬の教会を建て直し「被昇天のサンタ・マリア教会」と名づけ、教会内にコレジオが移転される	1600年	リーフデ号、豊後に漂着　関ヶ原の戦い
			イギリス東インド会社設立
		1602年	オランダ、東インド会社を創立
603年	長崎イエズス会コレジヨ版『日葡対訳字書』刊行	1603年	徳川家康、征夷大将軍となり、江戸幕府をひらく
	被昇天のサンタ・マリア教会に塔が建ち、鐘と時計が取りつけられる		
605年	大村領長崎村が天領となり、長崎甚左衛門、長崎を退去	1605年	ヴァリニャーノ、マカオで病死
	セルケイラ、ラザロ病院の側にサン・ジョアン・バウチスタ教会を建てる		
	キリシタン版『サカラメンタ提要』長崎で出版される		
606年	大村喜前、棄教し領内のバテレンを追放		
609年	平戸オランダ商館設立		
	サント・ドミンゴ教会建つ		
610年	有馬晴信、長崎港外でポルトガル船マードレ・デ・デウス号を撃沈		
611年	サン・フランシスコ教会と修道院が建つ		
612年	有馬領内に禁教令出される	1612年	岡本大八事件　家康の重臣・本多正純の家臣・岡本大八(キリシタン)が火刑となり、有馬晴信は賜死
613年	イギリス商館、平戸に開設		
614年	長崎の諸教会、キリスト教施設がほとんど破壊される	1614年	全国に禁教令
	長崎で禁教令に抗議するキリシタン行列		大坂・冬の陣
	各会の宣教師、学生らはマカオやマニラに追放(高山右近、内藤如安らはマニラへ、原マルチノらはマカオへ)	1615年	大坂・夏の陣
			豊臣氏一族滅び、徳川幕府の支配確立
616年	大村喜前、玖島城で没す　純頼が跡をつぐ	1616年	家康、没す
			幕府、松倉重政を島原へ
620年	長崎代官・村山等安処刑、後任に末次平蔵		
	イエズス会員スピノラ、大村の鈴田牢に投ぜられる		
	トードス・オス・サントス教会、サン・ロレンソ教会、サン・ミゲル教会、ミゼリコルディアの組の教会と諸施設が破壊される		

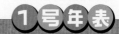

参考文献　『南蛮のバテレン』松田毅一（朝文社）　『図説 長崎県の歴史』外山幹夫責任編集（河出書房新社）
『市制百年長崎年表』市制百年長崎年表編さん委員会（長崎市）

『旅する長崎学1』主要地図

平戸最初の教会跡 P.6
ザビエル記念碑 P.3/6
松浦史料博物館 P.6
ポルトガル船入港地 P.6
平戸・宮の前事件 P.10
聖フランシスコ・ザビエル記念聖堂 P.6
天門寺（おん宿りのサンタ・マリア教会）跡 P.11
的山大島
度島
生月島
生月
平戸市
平戸島
黒島
西海国立公園
小値賀島
小値賀
榎津
友住
有川
青方
中通島
新上五島町
若松島
若松
奈良尾
奈留島
奈留
久賀島
五島列島
福江島
福江
福江空港
五島市
平島
江島
大島
崎戸
蠣浦島
松島
日本二十六聖人記念館 P.20
サント・ドミンゴ教会跡（現桜町小学校） P.50
長崎歴史文化博物館 P.49
長崎開港の碑 P.34
ミゼリコルディアの組本部跡（現法務局） P.52
長崎最初の6町 P.35/44
福田港の海戦 P.33
岬の教会（サン・パウロ教会／被昇天のサンタ・マリア教会）
イエズス会本部跡（現長崎県庁）
フレンドシップメモリー（史跡出島） P.15
P.18 アルメイダ布教記念碑（堂崎教会）

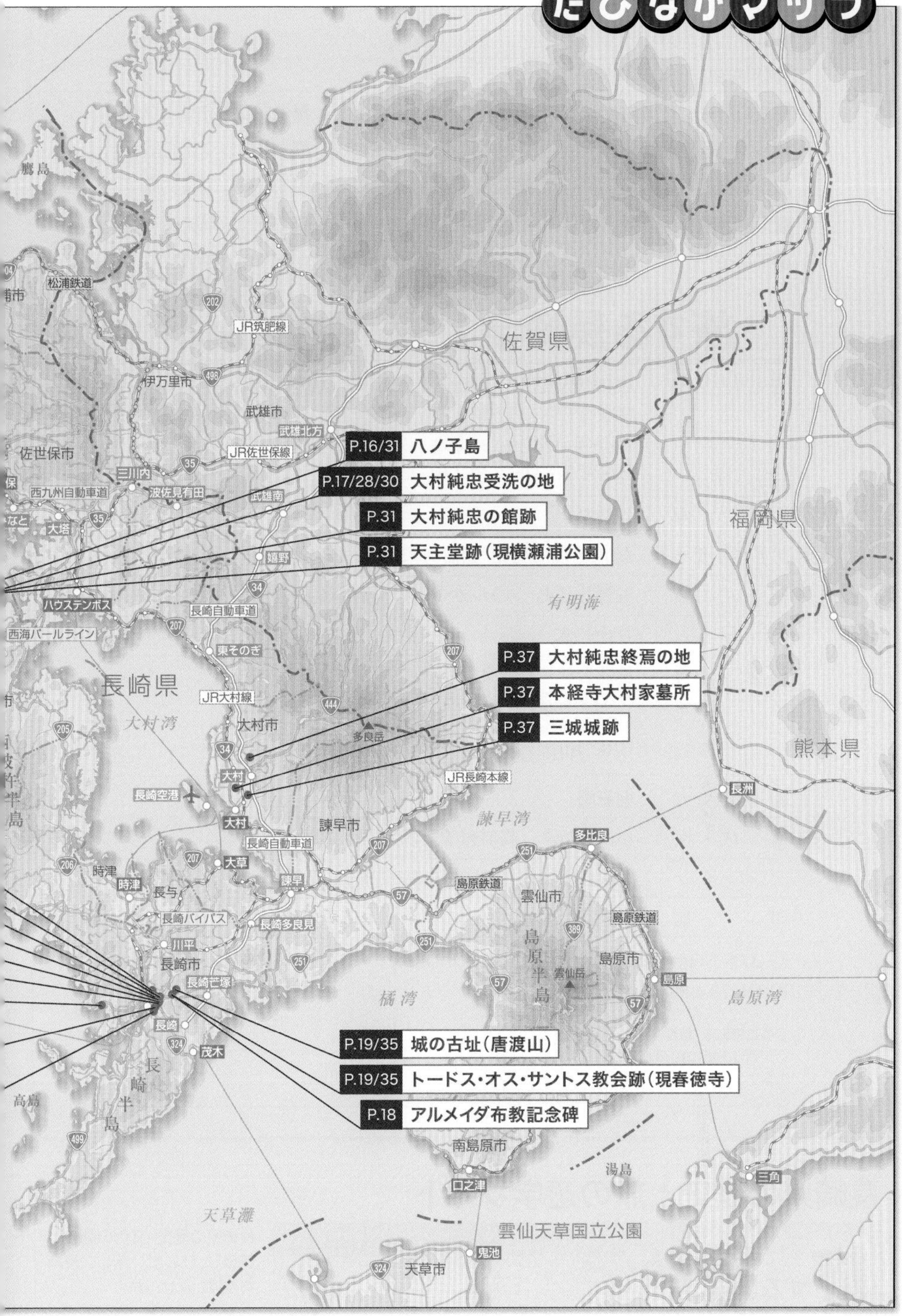
P.16/31 八ノ子島
P.17/28/30 大村純忠受洗の地
P.31 大村純忠の館跡
P.31 天主堂跡（現横瀬浦公園）
P.37 大村純忠終焉の地
P.37 本経寺大村家墓所
P.37 三城城跡
P.19/35 城の古址（唐渡山）
P.19/35 トードス・オス・サントス教会跡（現春徳寺）
P.18 アルメイダ布教記念碑
鷹島
松浦鉄道
JR筑肥線
伊万里市
武雄市
武雄北方
JR佐世保線
佐世保市
三川内
西九州自動車道
波佐見有田
武雄南
大塔
嬉野
ハウステンボス
長崎自動車道
西海パールライン
東そのぎ
長崎県
JR大村線
大村湾
大村市
多良岳
大村
長崎空港
JR長崎本線
諫早市
長崎自動車道
大草
時津
長与
諫早
長崎バイパス
長崎多良見
川平
長崎市
長崎芒塚
長崎
茂木
長崎半島
高島
佐賀県
福岡県
有明海
熊本県
長洲
諫早湾
多比良
島原鉄道
雲仙市
島原半島
雲仙岳
島原市
島原
橘湾
島原湾
南島原市
口之津
湯島
三角
天草灘
雲仙天草国立公園
鬼池
天草市

【資料提供】

■長崎歴史文化博物館　　　■西海市　　　　　　　　　■平戸ロータリークラブ

■長崎県観光連盟　　　　　■日本二十六聖人記念館　　■カトリック中町教会

■長崎市教育委員会　　　　■松浦史料博物館　　　　　■松田毅一南蛮文庫

■大村市教育委員会　　　　■佐賀県立博物館　　　　　■竹田市立歴史資料館

■平戸市　　　　　　　　　■神戸市立博物館　　　　　（順不同、敬称略）

旅する長崎学1　キリシタン文化Ⅰ 長崎で「ザビエル」を探す

発　行　日	2006年5月29日　初版　　2007年1月10日　第2刷
	2008年6月1日　第3刷　　2012年9月13日　第4刷
	2015年4月10日　第5刷　　2018年2月10日　第6刷
	2022年3月30日　第7刷
企　　　画	長崎県
アドバイザー	ながさき歴史発見・発信プロジェクト推進会議
監　　　修	五野井隆史　デ・ルカ・レンゾ　片岡瑠美子
発　行　人	片山仁志
編集・発行	株式会社　長崎文献社
	〒850-0057　長崎市大黒町3-1-5F
	TEL095-823-5247　FAX 095-823-5252
	URL　https://www.e-bunken.com
編　集　人	堀憲昭
構　成・文	小川内清孝　髙浪利子
デ ザ イ ン	有限会社　パームスリー（冨田寿正）
印　　　刷	株式会社　インテックス

ⓒ 2006 Nagasaki Bunkensha,Printed in Japan

ISBN978-4-88851-370-8 C0021

長崎県の歴史と旅の遊学サイト

http://tabinaga.jp

たびなが　　検索

長崎県の歴史・文化の魅力が満載「たびなが」！新しい長崎を発見しませんか。

2017 全面リニューアル

湯快リゾート
ホテル 蘭風

湯快リゾートでは長崎初出店。平戸の食材と充実の館内施設・サービスが特長。西洋と日本の文化が重なる独創的な平戸の景観、お食事・お部屋、無料館内施設などを心ゆくまでお楽しみください。

【住所】〒859-5132 長崎県平戸市川内町 55
【TEL】0570-550-078
【HomePage】http://yukai-r.jp/ranpu/

御予約・お問合せ ☎0570-550-078

海望露天風呂と水族館風呂

HIRADO KAIJYO HOTEL
平戸海上ホテル

海原の向こうに赤い平戸大橋を望む海沿いの温泉宿。各階ごとにデザインが異なるお部屋からはもちろん露天風呂も真正面は海！広い湯船を持つ８つの貸切風呂からも、のどかな瀬戸の景色を一望です。

【住所】〒859-5102 長崎県平戸市大久保町 2231-3
【TEL】0950-22-3800 【FAX】0950-23-2829
【HomePage】http://www.hiradokaijyohotel.co.jp/

御予約・お問合せ ☎0950-22-3800

一年中おいしい平戸へお越しください！

真正面に平戸城、眼下に平戸港

国際観光ホテル
旗松亭

平戸のシンボルである赤い平戸大橋に白い平戸城、さらにのどかな港町風景を見下ろす高台の宿。
この絶景は露天、さらにパノラマ大展望大浴場からも楽しめます。

【住所】〒859-5102 長崎県平戸市大久保町 2520
【TEL】0950-22-3191 【FAX】0950-22-5160
【HomePage】http://www.kishotei.com/

御予約専用 ☎0950-22-2827

平戸瀬戸と平戸城を望む湯宿

ホテル 彩陽
WAKIGAWA

平戸市の中でも最も平戸城に近い温泉宿。
おひとり様からグループ旅行まで、旅のスタイルに応じたくつろぎの空間を用意。平戸の新鮮な食材をたっぷり使った料理も登場します。

【住所】〒859-5121 長崎県平戸市岩の上町 1123-1
【TEL】0950-23-2488 【FAX】0950-22-5168
【HomePage】http://hirado-wakigawa.com

御予約・お問合せ ☎0950-23-2488

献上銘菓 カスドース

つたや總本家
創業 文亀二年

文明のあかつきの空
誰が吹くや
開花の角笛
南風をまろく帆にうけ
はるけくも
オランダ船ぞ
いえろっぱ
いまだ知らずも
この皿のこの妖しさよ
甘美にも優雅な香り
伝え来し
つたやカスドース

祠・藤浦 洸

カスドースは、天文12年（15 43）の鉄砲伝来に始まったポルトガルとの交流によって伝えられた南蛮菓子のひとつです。松浦家に伝わる江戸時代の『百菓之図』（1848年）にも記録されている、平戸が誇るつたや総本家の代表銘菓であります。卵の風味と上品な甘さをご賞味ください。

平戸蔦屋 按針の館

［住所］〒859-5113
長崎県平戸市木引田町431
［電話］0950-23-8000
［FAX］0950-23-8700
［営業時間］9:00～19:00
年中無休
［ウェブサイト］
http://www.hirado-tsutaya.jp/

［そのほかの販売店ご案内］
日本橋三越、銀座三越、
新宿高島屋、日本橋長崎館、
福岡三越、アミュプラザ長崎、長崎空港

■平戸名物・牛蒡餅　　■かすていら　　　■花かすていら

［お問合せ・ご注文］
☎0950-23-8000

思い出にあげたい…
美しいロマン。
長崎物語

復元された
長崎奉行所立山役所

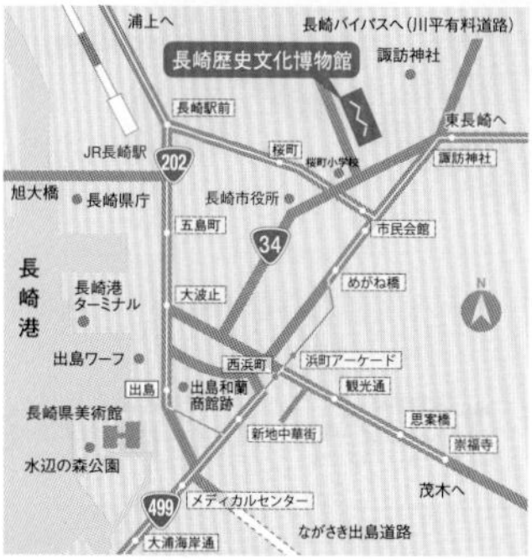